Sven Richter

AF286535

Helsinki und zurück?

Eine Reise auf dem Elektro-Segelboot

Herstellung und Verlag:
Books on Demand GmbH
In de Tarpen 42
D-22848 Norderstedt

ISBN 9783842337510

Inhalt

Wir stellen uns vor…

Mein Name ist Sven Richter. Ich bin 32 Jahre alt und lebe mit meiner Partnerin Katja in einer kleinen Stadt in Südbrandenburg. Bereits als Kind verbrachte ich viel Zeit am und auf dem Wasser. Meine ersten Eindrücke sammelte ich auf dem Motorboot meiner Eltern und meiner Großeltern. Für mich war also schon immer klar, dass ich später auch einmal ein Boot besitzen möchte. Meinen Traum setzte ich dann im Erwachsenenalter um. Ich begann mit einem motorisierten Schlauchboot, mit dem ich den Schwielochsee bei Lübben im Spreewald erkundete. Anschließend kaufte ich mein erstes Motorboot mit kleiner Kajüte, die l´espoir, bei der ich den Innenausbau selbst vornahm. Für Katja war das Leben auf dem Wasser völlig neu. Bevor wir uns kennenlernten, war sie noch nie an Bord eines Bootes. Ich konnte sie aber schnell von diesem wunderbaren Sport begeistern. Mit der l´espoir waren wir auf der Elbe und der Mecklenburgischen Seenplatte unterwegs. Da ich mich stets verbessern möchte, kaufte ich ein größeres und komfortableres 6 m Motorboot, welches wir l´espoir II nannten. Unsere Reisen führten uns von der Elbe durch Berlin bis an die Oder und im zweiten Jahr über die Ostsee nach Dänemark. Die hohen Benzinkosten waren schließlich im Jahr 2004 der Auslöser, dass wir uns intensiver mit Segelbooten beschäftigten. Weihnachten 2004 machte ich mir selbst das größte Geschenk. Ich kaufte die l´espoir III – einen 7,2 m langen Motorsegler und wir infizierten uns mit dem „Segel-Virus". Besonders das Zurücklegen größerer Etappen, mit dem Ziel andere Länder zu besuchen, fasziniert uns. So segelten wir mit der l´espoir III nach Kopenhagen, Stockholm und Oslo. Wir stellten fest, dass ein Motorsegler nur ein Kompromiss ist – kein richtiges Segelboot, aber auch kein Motorboot. Wir entschieden uns schließlich dafür, einen Trimaran zu kaufen - ein Bootstyp, der ähnlich wie ein Katamaran beim Segeln hohe Geschwindigkeiten erreicht. Dieses Boot baute ich über den Winter komplett neu aus und passte es unseren Bedürfnissen an. Wir tauften dieses Boot im April 2009 auf den Namen „l´espoir tri". Ein einzigartiger Name, der sich wie folgt zusammen setzt: „l´espoir" ist das französische Wort für „die Hoffnung" - Hoffnung auf schönes Wetter, einen tollen Törn oder auf zuverlässige Technik. „Tri" ist abgeleitet vom Bootstyp: Trimaran. Ein Trimaran ist, wie der Katamaran, ein Mehrrumpfboot, auch Multihull genannt - ein Boot mit 3 Rümpfen. Der Rumpf in der Mitte, auch Mittelrumpf genannt, ist das eigentliche Boot in dem wir uns aufhalten zum Segeln, Navigieren, Kochen, Schlafen und in dem auch die Toilette und die gesamte Technik untergebracht sind. Zu beiden Seiten, also an Steuerbord (rechts) und Backbord (links) befindet sich je ein weiterer kleinerer Rumpf, auch Schwimmer oder polynesisch Ama genannt. Polynesien ist das Ursprungsgebiet der Trimarane. Diese Rümpfe dienen der Kentersicherheit beim Segeln und bieten zusätzlichen Stauraum für Proviant, Werkzeug und andere Dinge, die man an Bord benötigt. Die Verbindung der Seitenrümpfe mit dem Mittelrumpf erfolgt durch je zwei sogenannte Beams oder polynesisch Aka genannt. Diese sind carbonverstärkt und müssen enorme Kräfte beim Segeln aufnehmen. Die Beams stützen das gesamte Boot. Damit man nicht vom Mittelrumpf zu einem Außenrumpf balancieren muss, sind Netze gespannt. Bei schönem Wetter kann man diese als Liegefläche zum entspannen und relaxen nutzen. Dieses Boot ist mit 5,5 m sehr breit. Um das Boot dennoch auf einem Trailer (Anhänger) über Land zu transportieren oder in engen Häfen auch noch einen Platz zu finden, wurde das Boot klappbar konstruiert. Dies geht mit nur wenigen Handgriffen in kürzester Zeit. Jetzt wird sich sicher der ein oder andere fragen: Warum drei Rümpfe? Die Vorteile eines Trimarans gegenüber einer Einrumpfyacht liegen in den Segelleistungen. Es ist ein extrem schnelles und leichtes Boot mit wenig Tiefgang. Man kann mit diesem Boot Geschwindigkeiten von 20 Knoten (rund 37 km/h) und mehr erreichen. Die Geschwindigkeitsangabe Knoten bezieht sich auf Seemeilen pro Stunde. Eine Seemeile ist 1,852 km lang.

Für unsere Reisen ist das Boot allerdings etwas klein. Nicht, dass uns der zur Verfügung stehende Platz nicht ausreicht, sondern die Zuladekapazität ist für genügend Proviant, eines über mehrere Wochen andauernden Törns, nicht ausreichend. Wir segeln also

6

immer überladen los. Dies beeinträchtigt natürlich unsere Segelgeschwindigkeit und ist auch ein Sicherheitsrisiko.

Als gelernter Energieelektroniker ist es natürlich selbstverständlich für mich, dass mein Boot elektrisch fahren muss. Da diese Antriebsart noch immer relativ selten ist, gibt es auch nur wenige elektrische Bootsmotoren auf dem Markt, die für unser Boot geeignet sind. Seit 2008 sind wir bereits elektrisch auf dem Wasser unterwegs und mussten immer wieder feststellen, dass man sich auf die derzeit erhältlichen elektrischen Aussenbordmotoren nicht verlassen kann. Das sollte im Jahr 2010 anders werden. Wir benutzten einen Prototypen, der leider erst am ersten Urlaubstag fertig wurde.

Einleitung

Das Wort Vorurlaubsstress erhielt für uns im Sommer 2010 eine völlig neue Bedeutung. Anders als in den Jahren zuvor hat Katja ganz allein die Lebensmittel und Getränke in das Boot geladen, da ich einen Tag vor der Abfahrt den kompletten Bootsmotor zerlegte. So etwas macht man natürlich nicht erst kurz vor der Abfahrt, aber die für meine Aufgabe erforderlichen Teile wurden einfach nicht früher geliefert. Ich musste das Übersetzungsverhältnis unseres Motors auf 1:1 ändern, damit er auf der Ostsee über genügend Antriebsleistung verfügt. Der Motor war ein Prototyp bei dem sich während der ersten Probefahrt herausstellte, dass der Propeller zu langsam dreht. Jedoch war der gelieferte Zahnriemen, der die Kraft vom Motor auf die Propellerwelle überträgt, 13 cm zu lang. Also musste der Elektromotor im Gehäuse um diese 13 cm höher montiert werden. Die Konsequenz war, dass der Gehäusedeckel (Motorhaube) nicht mehr auf das Aussenbordergehäuse passte. Also sägte ich eine Aussparung in die Haube, damit der Motor oben herausragen konnte. Wegen des Regen- und Spritzwassers auf See habe ich anschließend die dadurch entstandene Öffnung mit Kunststofffolie und Gewebeband verklebt. Die optischen Aspekte waren zu diesem Zeitpunkt zweitrangig, wichtiger war die zuverlässige Funktion des Motors. Natürlich wollten wir auch keine Zeit mehr verlieren. Allerdings war ich trotzdem etwas unglücklich mit so einem „unschönen" Motor auf „große" Fahrt zu müssen.

Während unserer Reise machte ich mir täglich Notizen in mein Handy. Diese bildeten die Grundlagen für dieses Buch, welches zunächst „nur" als Törnbericht auf meiner Homepage erscheinen sollte. Doch die Eindrücke waren teilweise so überwältigend, dass ich mich entschied, aus dem geplanten Bericht ein Buch zu verfassen, denn ein Buch sollte jeder einmal geschrieben haben.

Tag 1 - Anreise

Es ist 13:00 Uhr. Wir befinden uns auf dem rund 400 km weiten Weg zur Insel Usedom. Den Vormittag nutzte ich für die Endmontage des Motors und anderen organisatorischen Dingen, die unbedingt noch erledigt werden mussten. Guter Dinge und neben dem Proviant auch beladen mit einigen Portionen Mut und vor allem Misstrauen in die neue Technik geht es an die Ostsee.

In diesem Jahr gibt es neben dem Motor, der uns sicher und zuverlässig schieben soll, wenn kein Wind mehr weht, noch weitere Änderungen an Bord von deren Nutzen wir uns erst überzeugen lassen müssen. Wir haben ein Verdeck zum Schutz vor schlechtem Wetter und Lithium-Akkus durch die wir ca. 75 kg leichter als mit den bisherigen Bleiakkus sind.

Wir kommen 20:15 Uhr in Karlshagen auf der Insel Usedom an. Da zu dieser Uhrzeit kein Hafenmeister mehr anwesend ist, klärten wir bereits telefonisch auf der Fahrt mit ihm ab, wo wir unser Auto für die kommenden vier Wochen parken dürfen. Nach dem Slippen - so wird das zu Wasser lassen eines Bootes genannt - stelle ich Auto und Trailer auf dem mir vom Hafenmeister beschriebenen Parkplatz ab. Drei Kinder beobachten jeden unserer bereits zur Routine gewordenen Handgriffe und stellen viele Fragen. Wir verlassen den Hafen, gefolgt von den Blicken und Rufen der Kinder und fahren zu unserem ersten Ankerplatz in der Peene. Der vor ca. 10 Stunden zusammen gebaute Motor funktioniert einwandfrei und beschleunigt unser noch zusammengeklapptes Boot mit Beiboot im Schlepp locker auf 5,4 Knoten. Ich bin sehr erleichtert, denn es ist ein Risiko mit einem ungetesteten Motor auf die Ostsee zu fahren. Noch während der Fahrt aus dem Hafen klappen wir unseren Trimaran auseinander. Gleich nach der Hafenausfahrt von Karlshagen ankern wir in Ufernähe. Plötzlich macht mich Katja darauf aufmerksam, dass sich etwas Wasser im Bootsinneren befindet. Ich ahne schon wieder Schlimmes. Im letzten Jahr fing genau so unser Unglück an. Einen Riss in der Spülwasser-Ansaugleitung der Seetoilettenanlage bemerkten wir erst, als der halbe Technikraum unter Wasser stand. Die

Ersatzteilbeschaffung, der durch das Wasser beschädigten elektronischen Komponenten, kostete uns eine halbe Woche unseres Urlaubes.

Die Ursache ist in diesem Jahr schnell gefunden. Ein Schlauch vom Druckwassersystem hatte sich mitsamt der Schlauchklemme gelöst. Dies kam sicher durch die Erschütterungen auf dem Straßentransport. Ich konnte den Schaden glücklicherweise schnell beheben. Wenn das der obligatorische jährliche Zwischenfall war, dann sind wir ja noch einmal gut davon gekommen. Es gibt an Bord häufig technische Probleme. Viele davon kann man aber unterwegs beheben. Auf einem größeren Segeltörn gehört es einfach dazu, sein Boot hin und wieder zu reparieren.

Tag 2 – Es geht los

Wir wollten zeitig aufstehen. Mit 7:00 Uhr haben wir jedoch nach unseren Vorstellungen von zeitig, bereits verschlafen. Nach dem Frühstück stellen wir den Mast und machen unser Boot segelfertig. Für diese Arbeiten benötigen wir im Schnitt eine Stunde inklusive dem Aufstellen des Verdecks.

Jetzt kann es endlich los gehen. Ich setze das Großsegel und Katja übernimmt das Steuern während ich den Anker aufhole. Bei mäßigen achterlichen Winden verlassen wir den Peenestrom Richtung Norden. Die 2 Segelboote, welche an uns vorbei segelten als wir noch mit dem Aufriggen (das Boot segelklar machen) beschäftigt waren, holen wir schnell ein und schon bald befinden sie sich hinter uns. Mit einem Trimaran ist man fast immer schneller unterwegs als andere Segelboote. Eigentlich wollten wir heute noch bis Schweden segeln, doch dafür ist es jetzt schon zu spät. Bisher haben wir das Aufriggen immer am Ankunftstag gemacht, um dann am nächsten Tag gleich loszusegeln. Diese Zeit fehlt uns jetzt für unsere erste „Überfahrt". Also beschließen wir nur bis Nord-Rügen zu segeln. Dies ist mit 31 Seemeilen für den ersten Tag auch ausreichend. Es ist kaum Wind und die Wellen schaukeln uns kräftig durch. Katja wird es sogar zeitweise ganz flau im Magen. Mehrere Male fahren wir sogar mit Motor, da uns der Wind zeitweise total verlässt. Wir ankern gegen 16:00 Uhr vor Rügens Kreideküste. Ein schöner, wenn auch nicht ganz ruhiger Ankerplatz. Während ich diese Zeilen in mein Handy tippe, lernt Katja fleißig ein paar Worte schwedisch zur Vorbereitung auf unsere bevorstehende Reise. Wir gehen zeitig in die Koje um ausgeschlafen für die kommende Ostseequerung zu sein.

Tag 03 – Auf nach Schweden

7:25 Uhr setzen wir die Segel und nehmen Kurs auf den schwedischen Ort Simrishamn. Die rund 70 Seemeilen lange Etappe beginnt gemütlich mit rund 5 Knoten Fahrt. Leider ist dieser Zustand nicht von Dauer. Der Wind lässt nach und wir fahren mit nur noch 3 Knoten unserem Ziel entgegen. Ich bin noch immer oder schon wieder sehr müde. Der Stress der letzten Tage steckt tief in meinen Gliedern, und ich denke auch die noch ungewohnten Bewegungen des Bootes ermüden mich sehr. Katja übernimmt die Wache damit ich mich ein Stündchen ins Cockpit legen kann. Als ich aufwache, ist wieder etwas mehr Wind. Ich trimme die Segel und schon laufen wir wieder direkten Kurs mit rund 5,5 Knoten Fahrt über Grund. Trimmen bedeutet die Segel so einzustellen, dass man die für die aktuelle Windrichtung und Stärke bestmögliche Fahrt macht. Oft verändert man die Segel nur wenige Zentimeter und kann dabei durchaus mehrere Knoten an Geschwindigkeit gutmachen. Man verwendet in der Seefahrt zwei Geschwindigkeiten: Die Fahrt über Grund (speed over ground = SOG) ist die tatsächliche Geschwindigkeit, die das Boot, bezogen auf die Erde als Bezugspunkt, zurücklegt. Diese Geschwindigkeit wird auch auf dem Bildschirm eines GPS -Empfängers angezeigt. Die Geschwindigkeit durch das Wasser (Fahrt durch das Wasser = FdW) kann davon, bedingt durch Strömungen, stark abweichen.

Wir genießen das schöne Wetter mit mäßigen Winden, 25°C Lufttemperatur und Sonnenschein – Seglerherz was willst du mehr? Wir wünschen uns, dass es den gesamten Urlaub so bleibt. Auf Kreuzfahrtschiffen werden solche Tage „Erholung auf See" genannt. Zu Mittag machen wir Bratkartoffeln mit Brathering und zum Abendessen Rührei. Katjas Appetit entscheidet meist was wir essen und ich bereite es dann zu. Viel Arbeit macht es ja auch nicht vakuumverpackte Bratkartoffeln zu erwärmen und zu verfeinern. Der Wind schwankt den ganzen Tag zwischen 1 und 3 Beaufort aus Nordwest über West bis Südwest bei konstantem Luftdruck. Am Abend nutze ich das schöne Wetter zum Waschen und Rasieren auf dem Netz. Mit Hilfe des Eimers geht das sogar während der Fahrt. Das ist viel schöner als zu Hause!

Gegen 21:30 Uhr gehen wir direkt neben dem Hafen Skillinge vor Anker. Wir sind also nicht ganz bis zu unserem Ziel Simrishamn gesegelt. Es war ein wunderschöner Tag, an dem wir 61 Seemeilen zurückgelegt haben.

Tag 04 – Die Hanöbucht

Wir sind in Schweden. Das ist deutlich am Wetter zu spüren. In der Nacht regnete es. Nun ist es bewölkt, kalt (14°C) und windig. Das Unangenehmste ist die Wassertemperatur von nur noch 12°C. In der Peene waren es fast 24°C und auf der offenen See 20°C. Durch diesen drastischen Temperaturabfall sind natürlich Schwertkasten und Scheiben beschlagen. Dies schafft ein unangenehmes und feuchtkaltes Klima an Bord. Also schnell Brötchen aufbacken und weiter. Im Sund wird das Wasser sicher wieder wärmer werden. Heute wollen wir die Hanöbucht überqueren - ein 60 Seemeilen Törn.

Wir segeln auf Halbwindkurs bei 4-5 Beaufort und ruppiger See mit 6-7 Knoten unserem Ziel entgegen. In diesem Jahr tragen wir kein Ölzeug (Regenbekleidung), denn das neue Verdeck schützt optimal vor dem Spritzwasser.

Nun wurde es Zeit, die Rekuperation (Stromerzeugung durch Mitdrehen des Propellers beim Segeln) des Motors auszuprobieren, denn wir machten genügend Fahrt für diesen Test. Sobald ich den Motor absenkte, was bei der von uns gesegelten Geschwindigkeit nicht so einfach ist, beginnt der Propeller zu drehen und unser Tri verringert die Fahrt um ca. 0,5 Knoten. Die Bremswirkung hält sich also in Grenzen. Katja liest am Batteriemonitor (ein Gerät, welches ständig die Lade- und Entladeströme der Akkus überwacht und somit auch die Batterierestkapazität anzeigt) den Ladestrom ab. Dieser erreicht bei 5,5 Knoten Segelgeschwindigkeit ca. 1,5 A und bei 6 Knoten schon über 2 A. Das ist doch eine schöne Sache: bei Flaute kann man Motoren und beim Segeln wieder nachladen. Für heute reicht diese Funktionsprobe, denn unsere Lithium-Akkus haben noch über 90% Restkapazität. Der Ladestrom ist eigentlich noch höher, da bei meiner Angabe der Eigenverbrauch aller Geräte schon abgezogen ist. Es hatte sich also gelohnt, einen etwas besseren Controller (Drehzahlsteller/Steuerteil) mit Rekuperationsunterstützung in den Motor zu bauen.

14

Da Katja von den Wellen wieder etwas mulmig ist, übernehme ich die Zubereitung des Mittagessens in der Kajüte. Damit keine Nässe ins Bootsinnere gelangt, ziehe ich die Stiefel vor dem Niedergang aus und kümmere mich um unser Essen. Plötzlich steigt von achtern eine relativ „hohe" Welle ein und reißt meine Stiefel mit fort. Katja kann sie gerade noch vor dem überbordgehen bewahren, doch leider sind sie jetzt von innen nass. Nasse Stiefel sind also bis jetzt unser einziges Problem. Das ist doch in Ordnung. Katja wendet einen altbekannten und wirklich funktionierenden Trick zum trocknen nasser Schuhe an. Sie stopft die Stiefel mit bereits gelesenem Zeitungspapier aus und ich bleibe zunächst barfuß. Das ist bei diesen Temperaturen nicht angenehm, aber es gibt Schlimmeres.

Am Nachmittag ändert sich die Wetterlage. Der Wind nimmt zu und weht mit 28-30 Knoten. Die Wellen erreichen dadurch beängstigende Ausmaße. Zunächst rollen wir nur das Vorsegel ein. Eine Stunde später reicht auch das nicht mehr aus, denn wir erreichen ständig weit über 10 Knoten Fahrt. Jedoch werden wir in der nächsten Welle dann wieder auf 5 Knoten abgebremst. Katja muss an die Pinne und ich gehe auf das Vordeck um das Großsegel zu reffen. Reffen ist das Verkleinern der Segelfläche, um eine Zerstörung der Takelage zu vermeiden. Bei einem Mehrrumpfboot verringert man dadurch zusätzlich die Gefahr einer Kenterung. Es ist manchmal nicht so einfach den richtigen Moment zum Reffen zu erkennen. Es gibt mehrere Aspekte die zu beachten sind: die Windgeschwindigkeit, die am Windmesser angezeigt wird und den Ruderdruck, welchen man beim Steuern des Bootes fühlt. Spätestens wenn man es kaum noch schafft, das Boot auf Kurs zu halten, sollte man Handeln. Ein weiterer und wichtiger Punkt ist das eigene Gefühl. Wenn man das erste Mal an Reffen denkt, sollte man es auch machen, denn es dient der eigenen Sicherheit. Man sollte lieber zu früh als zu spät reffen. Ein zu stark gerefftes Boot ist höchstens langsamer, aber dafür auch sicherer unterwegs als mit Vollzeug. In der Praxis wird oft zu spät gerefft, da man denkt, der Wind wird sich schon bald wieder legen oder man handelt nach dem Motto: ‚Für 5 Seemeilen müssen wir nicht extra

Reffen'. Das ist aber falsch und ein Sicherheitsrisiko. Leider ist es auch keine angenehme Aufgabe bei starkem Wind und aufgewühlter See ein Reff in den schlagenden Großbaum zu binden. Hier gilt das alte, immer wieder gern auch von mir benutzte Sprichwort: eine Hand für das Boot und die andere für das eigene Leben. Auf die jetzige Situation bezogen bedeutet es, dass man sich mit der einen Hand selbst vor dem Überbordgehen sichert und mit der anderen das Reffen vornimmt. Eine anstrengende Aufgabe. Als ich auf dem Vordeck bin, entscheide ich mich aber dann doch dafür, das Segel nicht zu reffen, sondern ganz herunter zu holen. Nun segeln wir nur noch mit der Fock (Vorsegel) und erreichen noch immer Spitzengeschwindigkeiten von 8,5 Knoten. Das Boot läuft aber viel besser und „leichtfüßiger", mit leichtfüßiger ist der Ruderdruck gemeint.

18:00 Uhr erreichen wir endlich den Landschutz von Sandhamn. Ab hier geht es ohne Wellen dahin. Durch das vorgelagerte Land sind nicht nur die Wellen kleiner, auch der Wind ist wieder schwächer. Wir setzen das Großsegel mit dem zweiten Reff und schon rasen wir in den Kalmarsund mit 8-9 Knoten. Der Wind lässt immer weiter nach, je weiter wir in den Sund kommen. Auch die Richtung ändert sich - er kommt nun immer mehr von vorn. Wir nehmen das komplette Reff aus dem Groß und segeln bis kurz vor Kristianopel, wo wir gegen 21:15 Uhr die Segel bergen und bis zum uns als ideal erscheinenden Ankerplatz, kurz vor der Hafeneinfahrt, motoren. Aus dem Hafen schallt laute Musik zu uns herüber.

16

Tag 05 – Durch den Sund

Der Wind heult in den Wanten (Mastabspannung). Im Boot ist es kühl. Unter solchen Bedingungen habe ich nie Lust aufzustehen. Aber Katja „die Lerche" ist schon auf den Beinen. Also quäle ich mich aus der Koje und backe die Brötchen auf. Bei uns gibt es an Bord jeden Morgen frisch aufgebackene Brötchen. Zu Hause gönnen wir uns diesen Luxus nicht.

Nach dem Frühstück verlassen wir den Ankerplatz mit doppeltem Reff im Groß. Es geht mit 7-8 Knoten dahin. Plötzlich verliert Katja den Halt, fällt von der Cockpitbank und verletzt sich dabei am Arm. Sie hat eine lange Schürfwunde, die noch wochenlang zu sehen sein wird. Nachdem ich gepustet habe, sind die Schmerzen schnell vergessen.

Bald lässt der Wind nach und ich nehme das Reff wieder aus dem Großsegel. Segeln wir heute bis Oskarshamn oder nur bis Kalmar? Wir entscheiden uns dafür, heute nur bis Kalmar und morgen nach Oskarshamn zu segeln. Dadurch können wir einen Nachmittag in Kalmar und einen in Oskarshamn verbringen. So können wir beide Städte besuchen. Wir laufen mit Motor gegen 14 Knoten Wind in den Hafen von Kalmar. Uns kommt ein Schlauchboot mit der Aufschrift „Guest Harbour Service" entgegen. Der Steuermann weist uns einen Liegeplatz zu, der groß genug ist, unseren Trimaran ausgeklappt zu lassen. Nach dem Anlegemanöver gehen wir in die Stadt um etwas zu essen. Anschließend möchte Katja durch die Geschäfte flanieren. Auf dem Rückweg zum Hafen entrichten wir im Hafenbüro das Liegegeld. Wir bezahlen 180 schwedische Kronen für eine Nacht inklusive Wasser, Strom und Dusche. Direkt neben der l'espoir tri befindet sich der Eingang zur Einkaufspassage „Baronen" mit einem Clas Ohlson (eine Ladenkette mit technischem Angebot, die es in fast allen größeren skandinavischen Städten gibt). Hier kaufe ich 2 Kartuschen Dichtungsmasse und gehe zum Boot zurück um alle Fugen des Batterieraumes zu verschmieren. Bei den gestrigen hohen Wellen

17

haben doch wieder einige Tropfen Wasser den Weg hinein gefunden. Das darf nicht sein.

In der Zwischenzeit ist Katja noch in der Einkaufspassage unterwegs. Als sie zurück kommt, sind unsere Bordakkus bereits voll geladen und der Wassertank gefüllt. Das Abendessen genießen wir an Bord. Zum Abschluss des Tages machen wir noch einen Abendspaziergang und nutzen die Hafenduschen.

Tag 06 - Langa Soffan

Ein herrlicher Tag: Die Sonne scheint und es ist fast windstill. Wir verlassen gegen 8:30 Uhr den Hafen von Kalmar. Ich gebe Vollgas, denn wir müssen nicht sparsam mit dem Strom umgehen, da unser heutiges Ziel das nur 35 Seemeilen entfernte Oskarshamn ist. Noch in der Hafenausfahrt setzen wir das Großsegel und nehmen Kurs auf die Kalmarsundbrücke. Nur mit dem Groß geht es bei schönstem Sommerwetter durch die Brücke. Katja bedient die Pinne, während ich den Spinnaker (ein großes Segel, welches ausschließlich bei achterlichen Winden zum Einsatz kommt) klar mache. Kurz nach der Brücke überholen wir schon ein Segelboot. Als ich dann den Spinnaker setze, wird unser Boot noch einmal einen Knoten schneller und wir ziehen mit 5 Knoten davon.

So geht es den Sund entlang immer weiter gen Norden. Ich beschäftige mich mit dem Trimmen der Segel und erledige kleine Reinigungsarbeiten im Cockpit. Katja entspannt sich auf dem Netz und lässt bunte Seifenblasen in den blauen Himmel steigen. So schön und entspannend kann Segeln sein.

Bis zum Mittag steigt der achterliche Wind auf 10-11 Knoten an und wir machen ordentlich Fahrt. Ich koche Vollkornnudeln und dazu essen wir scharfes Thai Curry, welches weder scharf ist noch asiatisch schmeckt.

Mit unserer Solaranlage bin ich in diesem Jahr nicht zufrieden. Die Ursache sind unsere Lithiumbatterien. Diese haben mit ca. 27,2 V Nennspannung eine zu hohe Spannung für unseren Solar-Laderegler, der für Bleibatterien ausgelegt ist. Er „denkt" die Batterien sind voll und regelt den Ladestrom ab. Das Problem war mir bekannt, aber ich hatte vor dem Urlaub einfach nicht die Zeit, mich um einen Solar-Laderegler, der für eine Ladeschlussspannung von 29,8 V ausgelegt ist, zu kümmern. Erst wenn die Akkus leerer werden, nimmt der Ladestrom zu. Damit müssen wir jetzt erst einmal leben. Ich konnte das Problem erst nach dem Urlaub lösen.

Der Wind nimmt bis 4 Beaufort zu, um dann im Laufe des Nachmittages wieder etwas abzuflauen. Es ist also wunderbares Segelwetter. Wir erreichen unter Spinnaker sogar Spitzengeschwindigkeiten von mehr als 9 Knoten - wenn auch nur kurzzeitig. 5 Seemeilen vor Oskarshamn nehmen wir den Spi weg und segeln gemütlich mit Vor- und Großsegel unserem Ziel entgegen. Nördlicher als bis Oskarshamn sind wir im Jahr 2009 nicht gekommen. Das schlechte Wetter hatte uns an einer Weiterfahrt gehindert. Ob wir in diesem Jahr mehr Glück haben werden? Bis jetzt sieht es sehr gut aus.

Wie im letzten Jahr finden wir auch heute einen Platz in der „Liljeholmens Marina", an dem wir ausgeklappt liegen können. Wir können weder Strom noch Wasser nutzen, da es an diesem Liegeplatz nichts dergleichen gibt. Nach einem einfachen Anlegemanöver verschließen wir das Boot und gehen in die Stadt. Mit Hilfe eines Stadtplanes finden wir diesmal sogar die lange Bank - „Langa Soffan" mit 72 m Länge. An dieser sind wir im letzten Jahr zweimal mit unseren Elektrorollern vorbeigefahren und haben sie nicht gesehen - so versteckt liegt sie. Der erste Versuch, die lange Bank zu finden, war im Jahr 2007 auf dem Rückweg von Stockholm. Wir scheiterten daran, dass wir dachten, der Weg vom Hafen in die Stadt ist zu weit. Die Suche nach der langen Bank ist heute aber endlich erfolgreich gewesen. Wir verweilen auf der Bank, beobachten das Löschen der Ladung eines Fährschiffes, welches von Gotland kam, und kommen dadurch erst spät zurück an Bord. Dort genießen wir wieder einen der beeindruckenden Sonnenuntergänge, die hier im Norden in den schönsten Farben leuchten. Katja hält auch diesen auf einem Foto fest.

Tag 07 – Der überfüllte Hafen

Für die heute bevorstehende Etappe haben wir uns den Wecker gestellt. Nicht, dass wir die 65 Seemeilen bis Visby (größte Stadt auf der Insel Gotland) auch so schaffen würden, aber wir wollen nicht so spät dort ankommen. Als wir den Hafen Oskarshamn gegen 7:00 Uhr verlassen, ist es fast windstill und so beginnt der Törn mit 1-2 Knoten Fahrt. Wir spielen bereits mit dem Gedanken, den Motor zu benutzen, aber je weiter wir den Landschutz verlassen, desto stärker wird auch der Wind. 10:30 Uhr haben wir schon Windstärke 4 und rauschen unserem Ziel entgegen. Im Windschutz der Insel Öland geht der Wind bis auf 5 Knoten herunter, um dann mit 22 Knoten vorlicher, aber nicht direkt von vorn, wieder zu kommen. Ein paar Seemeilen weiter, lässt der Wind wieder nach. Es ist oft so, dass der Wind an den Seiten einer Insel stärker ist, da er auf seinem Weg über das Meer von der Insel abgelenkt bzw. um die Insel herum wehen muss. Diese Krümmung der Luftmassen erhöht natürlich die Strömungsgeschwindigkeit. Noch viel stärker ist dieses Phänomen zwischen hohen Inseln zu spüren. Hier spricht man vom sogenannten Düseneffekt. Der Wind geht zwischen den Inseln hindurch und wird dadurch stark beschleunigt.

Unsere durchschnittliche Segelgeschwindigkeit liegt heute bei 7-8 Knoten. Mittagessen gibt es heute aus der Dose, denn zum gemütlichen Kochen ist die See zu bewegt.

Während solcher Segeletappen bereitet Katja häufig den nächsten Landgang vor. Dazu liest sie in Reiseführern und ermittelt die Sehenswürdigkeiten die für uns von Interesse sind. Auf der Sommerinsel Gotland soll es die Rosenstadt Visby mit ihren Ruinen und der Stadtmauer sein. Auch Raukar (Pfeiler und Türme aus bizarr erodiertem Stein) möchten wir gern sehen. Aber dazu müssen wir erst einmal ankommen. Es ist noch ein rauer Ritt bis Gotland. Der Wind erreicht Nachmittag Stärke 6 und die Wellenhöhe ist auch nicht zu verachten. Die letzten 20 Seemeilen sind die heftigsten. 15 Seemeilen vor dem Ziel muss Katja an die Pinne, und ich hangele mich auf das Vordeck um das zweite Reff in das Groß zu binden. Nass bis auf die Knochen komme ich zurück, doch das ist bei der Wärme nicht schlimm. Jetzt ist der Ruderdruck wieder erträglicher und das Boot gleitet angenehmer durch die, für unser kleines Boot doch großen Wellen.

Auf einmal knallt es im Rigg und ein Ruck geht durch das Boot. Ich kann zunächst nicht die Ursache erkennen. Alles sieht in Ordnung aus. Doch da: Die Reffleine ist aus ihrer Klemme gerutscht - dadurch hängt der Baum herunter und dass Großsegel killt (flattert). Also muss Katja erneut an die Pinne und ich wieder auf das Vorschiff die Reffleine spannen und in die Klemme schieben. Zusätzlich zur Schotklemme sichere ich diese jetzt mit einem Achtknoten.

5 Seemeilen vor Visby sind die Wellen dann schon ungefähr so hoch wie unser Großbaum und der Windmesser zeigt Windspitzen von 30 Knoten. Katja hat Angst und auch ich bin nicht glücklich über die Situation. Mehrere Wellen lassen uns querschlagen. Wir müssen handeln. Ich hangele mich wieder auf das Vorschiff. Dort angekommen, klammere ich mich am Mast fest und schreie Katja zu, dass sie uns jetzt in den Wind drehen soll. Durch den starken Wind ist es so laut, dass ich wirklich schreien muss. Als wir im Wind stehen, nehme ich das Großsegel ganz herunter und Katja kann zurück auf unseren Kurs gehen. Ich befestigte das Segel noch notdürftig am Baum und kletterte zurück ins Boot. Unter dem Verdeck ist man selbst bei diesen ungünstigen Bedingungen noch gut geschützt. Nur mit dem Vorsegel erreichen wir Spitzengeschwindigkeiten von über 9 Knoten. Vor der Hafeneinfahrt klappe ich den Motor herunter um im engen Hafen besser manövrieren zu können. Wir müssen aber noch einmal abdrehen, denn gerade jetzt kommt ein Fährschiff aus der Hafenausfahrt. Mit diesem schwimmenden Koloss wollen wir die Einfahrt auf keinen Fall teilen. Wir luven an und segeln noch einen kurzen Schlag gen Land. Als die Einfahrt frei wird, gehe ich wieder auf Kurs. Im Hafenbecken rollen wir das zu diesem Zeitpunkt schon stark verkleinerte Vorsegel endgültig ein. Nur mit Mast und

heruntergeklappten Motor, der nun als Dynamo fungiert, erreichen wir noch stolze 3 Knoten.

Der Hafen ist total überfüllt. Nach einer unfreiwilligen Ehrenrunde legen wir zwischen einem Schiff der Küstenwache und einer 40 Fuß Bavaria an der Kaimauer an. Nachdem unser Boot vertäut ist, legt die Bavaria ab und irrt im Hafen auf der Suche nach einem freien Platz umher. Ich ahne, dass auch wir weg müssen. So kommt es dann auch. Der Hafenangestellte wünscht uns viel Glück bei der weiteren Suche. Ich sehe uns schon den Hafen wieder verlassen, denn er ist extrem voll. Beim Ablegemanöver gibt es Probleme. Der Festmacher, den Katja auf Slip führt, hat sich an Land in dem Ring, durch den er geführt ist, verklemmt. Ein Mann ist so hilfsbereit und löst den Festmacher. Wir drehen eine Runde nach der anderen in dem wirklich großen Hafen. Es ist nirgendwo Platz für uns und niemand ist bereit, uns ins Päckchen zu nehmen. Vom Päckchen spricht man, wenn man an einem anderen Boot längsseits anlegt. Im gesamten Gästehafen ist kein Platz mehr. Was jetzt? Sollen wir ankern oder den Hafen verlassen? Wir drehen eine weitere Runde. Ein Hafenangestellter winkt uns zu sich heran und sagt, dass wir ihm in den Hafenbereich für Dauerlieger folgen sollen, denn er findet dort schon einen Platz für uns. Natürlich geht die Verständigung nicht so problemlos wie ich das hier schreibe, denn im Hafen wehen 24 Knoten Wind, der laut ist und uns ständig abtreibt. Weiterhin sprechen wir kein schwedisch und können die Worte des Hafenangestellten nur erahnen. Wir folgen ihm zum anderen Ende des Hafens - dem Privathafen. Das dauert sehr lange, da er an Land um das gesamte Hafenbecken laufen muss und wir ihn oft wegen den an der Kaimauer liegenden Schiffen aus den Augen verlieren. Da ist er wieder und winkt uns zu. Er gibt uns zu verstehen, dass wir durch eine enge Einfahrt bei starkem Seitenwind in ein kleines Hafenbecken, von dem man nicht sieht ob es dort ausreichend Platz für uns gibt, fahren sollen. Nach kurzem Zögern gebe ich beherzt Gas - ich meine natürlich „Strom" - und fahre hinein. Er winkt uns zur Slipanlage und möchte einen Festmacher von uns, mit dem er den breiten Trimaran um die Ecke in eine schmale Box

23

ziehen will. Jetzt gehen die Probleme erst einmal richtig los. Die Wassertiefe ist sehr gering, das heißt für uns: Schwert, Ruder und dann den Motor hoch. Katja schreit: „Steine!" und springt mit Sachen in das zum Glück nur noch knietiefe Wasser um den Backbordschwimmer vor den Steinen zu schützen. Sie findet aber auf den rutschigen Steinen keinen richtigen Halt und so berührt der Schwimmer doch die Steine. Den Hafenmitarbeiter interessiert das nicht sonderlich, denn er zieht immer noch am Festmacher und versucht weiter, den breiten Trimaran um die Ecke in die viel zu schmale Box zu zerren. Ich springe nach vorn um dort das Schlimmste zu verhindern. Endlich sieht er ein, dass es nicht passt und meint unser Boot ist zu groß. Er ist offensichtlich ein Blitzmerker! Er schlägt vor, dass wir nun doch nicht mehr um die Ecke herum sollen, sondern uns mit dem Bug zur Kaimauer an den Dalben fest machen sollen. Das mache ich auch sofort, um Katja, die noch immer im Wasser steht und das Boot mit aller Kraft gegen den Wind stemmt, zu entlasten. Geschafft! Wir liegen im Hafen von Visby. Aber zu welchem Preis! Wir haben einen Kratzer im Unterwasserbereich des Backbordschwimmers. Dazu kommt, das wir hier an diesem Platz keinerlei Service, also weder Strom noch Wasser bekommen und dafür sollen wir umgerechnet 23€ bezahlen. So viel Gastfreundschaft ist mir echt zu viel! Wenn der Schwede klar gezeigt hätte, wo wir hin sollen, dann wären wir das Anlegemanöver ganz anders angegangen. Leider ist man hinterher immer etwas schlauer. Unser Motor hat gerade hier bei dem starken Wind seine Zuverlässigkeit und vor allem hohe Schubleistung unter Beweis gestellt. Ich bin wirklich froh, noch kurz vor dem Urlaub auf diesen Motor umgestellt zu haben.

Unser Abendessen nehmen wir an Bord zu uns. Danach verlassen wir unser Boot und gehen in die Stadt. Visby hat wirklich viele Ruinen und ist ein schöner Urlaubsort, an dem man einerseits Ruhe finden kann und an dem aber andererseits auch das Leben tobt. Restaurants, Bars und dergleichen findet man an fast jeder Ecke. Leider aber keine Möglichkeit ins Internet zu kommen und den Wetterbericht für die nächsten Tage abzurufen. Am Hafen ist eine Ausstellung. Das Thema kann ich leider wegen der fehlenden schwedischen Sprachkenntnisse nicht ganz deuten, aber es sind einige Elektroautos ausgestellt, unter anderem sogar ein Tesla Roadster. Ein weiterer ist gerade auf Gotlands Straßen unterwegs. Ich habe ihn vor ein paar Minuten abfahren sehen. Ein wirklich tolles Elektroauto!

Nach einem langen Spaziergang durch die Altstadt und entlang des Strandes, wo wir, wie unzählige andere Leute auch, den Sonnenuntergang beobachten, gehen wir zurück zu unserer l'espoir tri - dem trotz Überbreite kleinsten aber auch feinsten Boot im Hafen.

Tag 08 – Flaute, Wind und Raukar

Heute wollen wir ausschlafen, doch wir sind leider schon gegen 7:00 Uhr wach. Also wozu noch im Bett bleiben, wenn der Tag auf uns wartet? Nach dem Frühstück besprechen wir kurz das Ablegemanöver. Wir müssen uns erst mit den Festmachern von Dalbe zu Dalbe heraushangeln und dann im tieferen Wasser das Boot mit Hilfe der Festmacher drehen. Anschließend kann ich die Anhänge wie Schwert, Motor und Ruder herab lassen. Katja macht die Vorleinen los und wir legen wie besprochen ab. Ich steuere uns durch die enge Ausfahrt in das große Hafenbecken, von dem aus man zur Hafenausfahrt gelangt. Dort manövriere ich uns ganz nach steuerbord um die Hafenausfahrt gleichzeitig mit einem uns entgegenkommenden Kreuzfahrtschiff zu passieren. Die Kreuzfahrtgäste winken uns zu. Nach dem Verlassen des Hafens setzen wir die Segel. Als wir noch im Hafen lagen, zeigte der Windmesser noch 5 Knoten an, doch hier draußen ist erstaunlicherweise absolute Flaute. Der Rauch eines zweiten Kreuzfahrtschiffes, welches vor dem Hafenbecken vor Anker liegt, steigt senkrecht empor. Also rollen wir das Vorsegel wieder ein und fahren mit Motor Richtung Norden. Das Groß lassen wir als Sonnensegel stehen. Somit haben wir auf dem Backbordnetz einen angenehmen Schattenplatz auf dem wir es uns gut gehen lassen.

Das Vergnügen hält nicht lange an, denn auf einmal fällt der Autopilot aus. Was ist los? Ein Blick auf die Schalttafel bringt Klarheit. Der Spannungswandler von 24V auf 12V ist ausgefallen. Ich schalte auf unseren „China-Ersatz-Wandler" um und baue den Hauptwandler, der uns schon 3 Jahre treu diente, aus. Jetzt stellt sich mir die Frage, wie ich das defekte Gerät öffnen soll, denn als ich den vorderen und den hinteren Deckel abnehme, gelingt es mir nicht, die Platine aus dem Gehäuse zu ziehen. Leider gibt es da noch 6 Spangen, die je einen Spannungsregler an das Gehäuse (das gleichzeitig der Kühlkörper ist) klemmen und diese bekomme ich mit meinem Bordwerkzeug einfach nicht los. Mir bleibt nichts anderes übrig, als die Eisensäge zu nehmen und das

26

Aluminiumgehäuse auseinander zu sägen. Jetzt sehe ich, dass nur eine Sicherung defekt ist und diese vom Hersteller zu klein dimensioniert wurde. Auf der Platine steht 30 A und verbaut ist nur eine mit 20 A. Weiterhin fällt mir auf, dass diese Sicherung eingelötet ist - also nichts mit „mal schnell die Sicherung tauschen". Ich nehme den Lötkolben und überbrücke die Sicherung, denn diese ist nicht erforderlich. In meinem Bordnetz habe ich schon eine 30 A Sicherung vor den Wandler geschaltet. Ich baue die Platine wieder in das zersägte Gehäuse und klemme den Wandler an. Er funktioniert wieder! Somit kann ich das wenig Vertrauen erweckende „China-Teil" wieder außer Betrieb nehmen. Geschafft! Voller Tatendrang räume ich jetzt gleich noch die Staufächer in den Schwimmern leer und wische sie aus. Durch den gestrigen Seegang ist hier viel Wasser eingedrungen. Die Deckel sind wasserdicht was Regen anbelangt. Wenn die Schwimmer aber im Seegang ständig unter Wasser gedrückt werden, sind die Lukendichtungen überfordert.

Es kommt etwas Wind auf, sodass wir nach 4,5 Stunden Motorfahrt wieder segeln können. Keine 10 Minuten später jagen wir wieder mit 7 Knoten an der Westküste Gotlands entlang. Die Freude hält aber nicht lange an, denn es wechseln sich ständig Winddreher und Flautenlöcher ab, die uns zu Kursänderungen zwingen.

In Lickershamn steht Gotlands größter Raukar. Hier segeln wir ganz nah vorbei, um ein paar Fotos davon zu machen. Dann geht es weiter gen Norden. Im Laufe des Nachmittages stelle ich fest, dass eine Kammer im Schwimmer unseres Beibootes Luft verliert. Ich pumpe zunächst nach und beobachte... Es ist tatsächlich undicht, denn es dauert keine halbe Stunde bis der Druck wieder merklich abnimmt.

Als wir um die Nordspitze Gotlands segeln, erreicht der Wind 22-26 Knoten. Vorbei ist die ruhige Zeit. Wir verkleinern das Groß bis zum 2. Reff und halten durch, denn die Wellen krachen mal wieder so gegen das Boot, dass man denkt, es bricht entzwei. Glücklicherweise ist unser Ziel nicht mehr weit entfernt. Gegen 19:00 Uhr werfen wir den Anker in einer Bucht im Norden der Insel

Farö, die zu Gotland gehört, in 2 m tiefes Wasser. Hier montieren wir unseren zweiten elektrischen Motor, pumpen Luft nach und fahren mit unserem Beiboot an Land. Wir wollen zu den Raukar in Langhammars. Leider haben wir unsere Schuhe vergessen. Der Fußmarsch zum anderen Ende der Insel ist die reinste Qual, denn es führt kein Weg dorthin. Wir müssen barfuß über Steine und Flechten laufen und benötigen dadurch über eine Stunde bis Langhammars. Katja hat scheinbar die schmerzenden Füße vergessen, denn sie läuft fasziniert von Raukar zu Raukar. Das Interessantere für mich ist eine kleine Möwe, die mir immer näher kommt und fast schon zutraulich ist. Stolz stelle ich Katja meinen neuen Freund vor. Katja schließt die kleine Möwe auch sofort ins Herz. Wir machen viele Fotos und verabschieden uns von ihr bevor es wieder auf den Rückweg geht. Tiere bereiten uns immer besonders viel Freude.

21:30 Uhr sind wir wieder zurück an Bord. Die undichte Stelle im Beiboot oder vielmehr Stellen haben wir auch gefunden. Die Luft entweicht großflächig aus einer Klebenaht. Sehr ärgerlich!

Wir überlegen, ob wir morgen zurück nach Schweden und dann an der schwedischen Küste entlang weiter nach Finnland segeln, oder ob wir besser gleich die große Etappe nach Estland wagen? Beide Varianten haben ihren Reiz. Wenn doch nur der Wind nicht jeden Nachmittag so stark werden würde! Das ist einfach zu viel für uns Zwei auf unserem kleinen Trimaran. Das schwächste Glied auf See ist immer der Mensch. Oder sollen wir vielleicht besser noch heute weiter Segeln? Wir haben schließlich in den letzten Nächten die Erfahrung gemacht, dass sich der Wind nachts etwas legt.

Wir entschließen uns, dem Wind noch eine Chance zu geben und werden morgen die Überfahrt nach Estland wagen.

Tag 09 – Estland wir kommen

Ich schlafe unruhig. War es das defekte Beiboot oder der bevorstehende Törn? Ich denke beides. Was wird uns in Estland erwarten? Bekommen wir da überhaupt Wasser und Strom oder im Ernstfall ein Ersatzteil?

In den letzten Tagen hatten wir immer wunderschönes Wetter, abgesehen von den starken Winden, die sich nachmittags entwickelten. Von Sturm kann man zwar noch nicht reden, aber auch 30 Knoten Wind zermürben auf Dauer - wir haben schließlich Urlaub!

7:30 Uhr verlassen wir unseren Ankerplatz. Das dauert aufgrund der Windstille schon fast eine Stunde. Wir segeln ja auch mit dem zweiten Reff im Groß. Katja fühlt sich dabei besser und ist beruhigt. Weiter draußen erreicht der Wind 7-8 Knoten die wir trotz Reff in 5-6 Knoten Fahrt umsetzen können. Es ist sehr angenehm, aber eine gewisse Anspannung bleibt. Gegen 9:00 Uhr erreichen wir die Untiefe Stenshuvud im Norden Gotlands, die wir Dank unserer genauen elektronischen Seekarten problemlos passieren. Mit einem Kartenplotter kann wirklich jeder auf See und sogar in den Schären genau navigieren. Eigentlich schade, dass auch wir nur noch danach fahren - aber so ist der Mensch, es ist eben zuverlässiger und vor allem bequemer, als die herkömmliche Navigation mit einer Papierseekarte.

Nach ca. 15 Seemeilen beginnt unser Autopilot kontinuierlich vom Kurs abzuweichen. Das kennen wir schon von den vergangenen Jahren. Ich wechsle den Pinnenpiloten aus, da ich für solche Fälle immer zwei Autopiloten an Bord habe. Nun kann die Fahrt weiter gehen. In einer ruhigen Stunde werde ich ihn mal wieder aufschrauben und versuchen zu reparieren. Sicher werden sich einige fragen, wieso wir nicht selbst steuern. Dies ist keine Bequemlichkeit, sondern es ist für 2 Personen nahezu unmöglich, solche Entfernungen ohne Autopiloten zurück zu legen. Es gibt fast nichts Schlimmeres als stundenlang bzw. tagelang mit der Pinne in der Hand da zu sitzen. Auf einem See ist das in Ordnung, aber auf dem Meer, wo man keinen Bezugspunkt hat und es nichts als Wasser zu sehen gibt, ist das ständige Kurshalten einfach nur lästig. 2006 sind wir ohne Autopilot nach Kopenhagen und zurück gesegelt. Das tägliche Rudergehen war die reinste Tortur. Und das ist nicht nur meine Meinung, denn es gibt nahezu keinen Fahrtensegler der keine Selbststeueranlage benutzt.

Katja übernimmt erst einmal die Wache und damit auch das wach sein. Ich lege mich in die Kajüte um zu schlafen. Nach einer guten halben Stunde höre ich plötzlich das gleichmäßige Surren des Autopiloten nicht mehr. Meine Ohren sind schon so geschult, dass ich auf jedes Geräusch an Bord genau achte - selbst wenn ich gerade beim Einschlafen bin. Sobald ein Geräusch wegfällt oder ein anderes hinzu kommt, muss ich der Sache unbedingt auf den Grund gehen. Auf dem Meer darf man nicht leichtsinnig sein. Ich stehe auf und stelle fest, dass wir totalen Stromausfall haben. Ich überlege kurz, was die Ursache dafür sein kann und hole den Stromerzeuger aus dem Steuerbordschwimmer, betanke ihn und ziehe am Starterseil! Jetzt versorgt der Generator die Ladegeräte und diese laden die Batterien nach. Allerdings hätten wir noch eine Batterierestkapazität von 77 Ah haben müssen!

Nach diesem Schreck machen wir erst einmal Mittagessen: Bratkartoffeln und Grünkohl. Auch danach komme ich nicht zum Nachdenken über die schon leeren Akkus und den defekten Autopiloten, denn die Reffleine springt schon wieder aus der Klemme. Ich gehe auf das Vordeck und nehme das Reff bei der Gelegenheit gleich komplett aus dem Großsegel. Jetzt machen wir wieder 6-7 Knoten Fahrt. Es ist nicht gerade sinnvoll, bei einer 85 Seemeilen-Etappe unnötig gerefft zu segeln und damit wertvolle Zeit zu verlieren. Das sieht auch Katja ein.

Jetzt wird es aber endlich Zeit den Batterieraum zu kontrollieren! Ich nehme Spiegel und Taschenlampe und versuche zu erkennen, was die LCD-Displays der Akkus anzeigen. Der Backbordakku ist in Ordnung - dieser wird ordentlich geladen. Der Steuerbordakku zeigt jedoch eine Alarmmeldung und wird nicht geladen. Wir haben also nur noch einen funktionierenden Akku! Wieder eine Aufgabe für den Ankerplatz, denn jetzt beim Segeln kann ich mich nicht damit beschäftigen. Im Moment ist es erst einmal wichtig anzukommen und ausreichend Energie in den einen, uns noch zur Verfügung stehenden Akku zu bekommen.

Nachdem wir ca. 25 Ah geladen haben, schalte ich das Aggregat ab, lasse es abkühlen und verstaue es wieder. Mit dem jetzigen Stromvorrat wollen wir bis Estland auskommen – das sollte unter Segeln kein Problem sein...

Der Nachmittag verläuft bei konstanten Winden. Also nichts mit den befürchteten starken Winden. Wir genießen eine Melone und eine angenehme Überfahrt. Am Abend lässt der Wind nach und erreicht nur noch 5 Knoten. Wir haben aber noch ca. 30 Seemeilen vor uns! Also wird wohl heute nichts aus unserem Plan, in der Nacht ruhig vor Estland zu ankern. Ich nutze die ruhige See, um den Autopiloten zu öffnen. Der Defekt kann leider nicht behoben werden. Ich finde nur heraus, dass der Fehler am elektronischen Kompass des Gerätes liegt. Da ich keine Ersatzteile für den Autopiloten an Bord habe und es diese auch nicht zu kaufen gibt, wandert das Gerät erst einmal in die Backskiste. Bleibt nur zu hoffen, dass der zweite Autopilot durchhält.

Katja bemerkt, dass im Boot der Fußboden etwas feucht wird. Ich koste es. Es schmeckt salzig und kommt vom Schwertkasten. Also ist sicher eine der Schrauben für die Umlenkrolle des Schwertniederholers undicht. Es ist heute das erste Mal, dass Wasser auf diesem Weg in das Bootsinnere gelangt. Wir hatten heute den ganzen Tag schon das Schwert oben. Gibt es da einen Zusammenhang? Ich nehme die Lederverkleidung des Schwertkastens ab und versuche die Stelle, durch die das Wasser eindringt zu finden. Die gesamte untere Fläche scheint porös zu sein, denn das Wasser kommt großflächig und in geringen Mengen wie durch einen Schwamm. Heute kann ich hier nichts weiter machen, als die Stelle weiter zu beobachten. Wenn alles ausgetrocknet ist, muss ich den Schwertkasten abdichten. Während ich mich mit damit beschäftige, verschwindet der Wind. Kurze Zeit später kommt er von achtern wieder. Aber auch das hält

31

nicht lange an, denn bald darauf dreht er wieder auf Südost zurück. Inzwischen ist es 20:00 Uhr. Wir haben heute bereits 70 Seemeilen zurückgelegt und noch 24 Seemeilen bis zum geplanten Ankerplatz vor uns.

22:00 Uhr ist unser Ziel nur noch 10 Seemeilen entfernt. Wind und Meer bilden eine harmonische Einheit - ruhig und fast wellenlos. Wir gleiten mit 5 Knoten sanft dahin. Wir sind aber auch ziemlich geschafft. Unsere Idee, die Nacht durch zu segeln, haben wir vor Müdigkeit verworfen. Morgen ist ja auch noch ein Tag! Wir hoffen so schnell wie möglich am Ankerplatz anzukommen und Ruhe zu finden. Auf den letzten 5 Seemeilen kommt nur noch ein Hauch Wind und fast von vorn. Jetzt heißt es so viel Höhe wie möglich zu segeln. Und es ist immer wieder erstaunlich, wie gut unser kleiner Tri auch diese Disziplin beherrscht. Ein Segelboot kann nicht direkt gegen den Wind segeln. Man kann nur versuchen, so nah wie möglich an den Wind zu kommen und durch kreuzen gegen den Wind zu segeln.

Punkt 0:00 Uhr werfe ich den Anker vor Estland. Wir haben die 90 Seemeilen-Tagesetappe geschafft.

Tag 10 – Der spanische Tag

Unser Ankerplatz ist nicht Ideal. Wir liegen ungeschützt vor der Halbinsel Undva in der halbdunklen Nacht. Ganz dunkel wird es hier im Norden nicht. Um ruhig zu liegen, hätten wir noch eine halbe Seemeile weiter in eine uns unbekannte Bucht fahren müssen. Dies erschien uns in der Nacht zu gefährlich und zu müde waren wir auch. In der Nacht war es bis auf eine kleine Dünung ruhig. Aber jetzt in den Morgenstunden kam Wind auf, der unsere l'espoir tri wild am Ankerseil tanzen lässt. Also setzen wir um 7:00 Uhr die Segel und frühstücken während der Fahrt. Dadurch, dass wir jetzt schon wieder segeln, habe ich keine Gelegenheit mich um den ausgefallenen Akku zu kümmern und so ist meine Sorge groß, bald wieder ohne Strom da zu stehen. Mir ist bekannt, dass der Batteriemonitor immer zu viel Restkapazität anzeigt, da er nicht den Energieverbrauch innerhalb der Anschlussboxen der Akkus erfasst. Energieverbrauch innerhalb der Systeme sollte es nicht geben. Um die tatsächliche Restkapazität der Akkus abzulesen, muss man auf dem Akku-Display nachsehen. Leider ist dies in meinem engen Batterieraum nur mit Spiegel und Taschenlampe unter schweren körperlichen Verrenkungen möglich.

Damit wir nicht wieder unverhofft stromlos sind, habe ich jetzt den Motor herunter geklappt und lasse ihn beim Segeln mitdrehen, um die Akkus nachzuladen. Bei den momentanen 6 Knoten Bootsgeschwindigkeit erreicht er einen Ladestrom von ca. 2 A.

Nachmittag wird das Wasser immer glatter, da der Wind immer mehr nachlässt. Diese Chance nutze ich, um mich endlich um den defekten Akku zu kümmern. Der Fehler liegt nicht im Akku selbst, sondern in der Anschlussbox. Jeder Akku wird über eine Anschlussbox mit den Verbrauchern und dem Ladegerät verbunden. Diese Anschlussbox gewährleistet so die Abschaltung der Ladung bei vollem Akku oder der Verbraucher wenn der Akku leer ist. Und hier liegt auch der Fehler: das Relais für die Abschaltung des Ladestromes ist defekt. Dadurch lässt sich der Akku nicht laden. Gut, wenn man viele Ersatzteile dabei hat! Nach einer Viertelstunde habe ich das Relais ausgetauscht und der

Fehler ist behoben. Ich lasse kurz den Stromerzeuger laufen um die Funktion zu überprüfen. Alles bestens! Ich denke, der jetzt geladene Strom in den Akkus sollte zum Segeln bis Tallin ausreichen. Ich hoffe, wir können dort die Akkus vollständig laden.

Wir verbringen fast den gesamten Nachmittag in den Netzen. Es ist richtig heiß und wir verschaffen uns eine kleine Abkühlung mit der Pütz (Eimer). 16:00 Uhr ist komplette Flaute. Wir stehen still und das Wasser ist fast spiegelglatt. Also Motor an, Aggregat an und so viel „Gas" - sorry „Strom" - am Motor gegeben, dass wir gerade noch einen positiven Ladestrom auf dem Batteriemonitor angezeigt bekommen. Das hat den Vorteil, dass wir den vom Stromerzeuger erzeugten Strom nicht nur zur Fortbewegung nutzen, sondern auch gleich die Batterien etwas nachladen. So fahren wir um die 3,5 Knoten. Dadurch, dass ich einen sehr leisen Stromerzeuger habe, und diesen auf den Steuerbordschwimmer stelle - also weit weg - ist die Lautstärke noch erträglich. Kein Vergleich zu einem am Heckspiegel des Bootes montierten Benzin-Aussenborder.

So fahren wir aber nur 10 Minuten, denn es stellt sich ein leises Lüftchen aus Nordwesten ein, welches wir nutzen. Aber nicht lange. Es ist ein ständiges hin und her. Mal geht der Wind weg, dann kommt er aus einer anderen Richtung wieder, um bald wieder zu verschwinden und erneut aus einer anderen Richtung aufzufrischen.

Wir beschließen, den heutigen Tag als unseren „spanischen Tag" zu bezeichnen, denn es war heute extrem heiß, dazu sehr windarm und zum Abendessen gab es dann noch spanische Salami und spanische Oliven. Das passt!

18:30 Uhr müssen wir uns entscheiden: entweder wir kreuzen unter Segel mit 3 Knoten dem Ziel entgegen oder wir fahren mit Motor und Stromerzeuger ebenfalls mit 3 Knoten den direkten Weg. Katja bereitet 2 kleine Zettelchen vor. Auf den einen schreibt sie „Kreuzen" und auf den anderen „Motoren". Ich ziehe das Los mit dem Begriff „Motoren". So setzen wir dann unseren Weg mit Motorkraft fort. Lange wären wir sowieso nicht gesegelt, denn der

Wind verschwindet und die See wird spiegelglatt. 21:07 Uhr werfen wir den Anker nach 2,5 Motorstunden vor der Insel Hiiumaa saar. Wir haben einen wunderschönen Blick über die Bucht und auf einen 43 m hohen gusseisernen Leuchtturm. Das Land mit dem schönen Sandstrand reizt uns sehr und so fahren wir mit Beiboot und Luftpumpe zum Nachpumpen an Land. Wir machen einen kurzen Spaziergang mit Blick auf den Sonnenuntergang. Estland ist wunderschön: kilometerlange Sandstrände, keine Menschenseele und nichts als Natur. Einfach herrlich!

Tag 11 – Technische Probleme

Langsam wird es für uns Zeit, in eine größere Stadt oder einen Hafen zu kommen. Es sind noch ca. 75 Seemeilen bis Tallin, der Hauptstadt Estlands. Dort befindet sich laut elektronischer Seekarte der nächste Hafen mit Strom, Wasser und Benzin für den Stromerzeuger. All das steht auf unserer Prioritätenliste ziemlich weit oben. Seit Kalmar waren wir nur im Hafen von Visby und dort gab es an unserem „Notliegeplatz" nichts dergleichen. Aus diesem Grund setze ich auch gleich nach dem Erwachen die Segel. Bei Windstärke 3 aus Südost gehen wir hart an den Wind und frühstücken wieder während der Fahrt.

Auf einmal ertönt ein metallisches Geräusch und der Motor klappt herunter. Mein erster Verdacht, der Sicherungsbolzen sei heraus gefallen, bestätigt sich leider nicht. Die Hülse, in die der Bolzen gesteckt wird, ist komplett abgerissen. Ich sichere den Motor in der obersten Stellung mit einem Seil. So etwas darf einfach nicht passieren! Als ich mir die Hülse ansehe, erkenne ich, dass diese nur gehoften, statt ordentlich verschweißt war. Hätte ich mir das bloß vor dem Urlaub genauer angesehen! Aber wer denkt schon, dass eine Halterung, die von einem namhaften Edelstahlbetrieb gebaut wurde, nicht ordentlich verschweißt ist?

Der Wind lässt im Laufe des Vormittages immer mehr nach. Wir segeln nur noch mit 3-4 Knoten. Kurz vor Mittag ist wieder komplette Windstille, bei der unser Motor aushelfen muss. Eine halbe Stunde später geht es dann wieder mit Hilfe des Windes weiter. Allerdings nur mit ca. 3 Knoten. Wir sind trotzdem froh, denn andere Boote stehen bei den jetzigen Windverhältnissen. So quälen wir uns Seemeile für Seemeile weiter, oftmals nur mit etwas über 1 Knoten Fahrt bei sengender Hitze und spiegelglattem Wasser. Eigentlich dachten wir bisher im Norden sind die Sommer eher kühl, doch wir fühlen uns wie an einer einsamen Küste Afrikas.

An der Halbinsel Pöösaspea Neem haben wir genug von der „kontrollierten Treiberei" und schalten wieder den Motor und den

36

Stromerzeuger ein. Da wir nur 5 Liter Benzin mitgenommen haben, bekommen wir langsam ein richtiges Problem, denn der Treibstoff ist fast aufgebraucht. Unseren Berechnungen nach, können wir noch ca. 10 Seemeilen damit fahren. Bis zum ersten Hafen an dem wir evtl. Benzin und mit etwas Glück auch endlich Strom bekommen, sind es aber noch 18 Seemeilen. Wir brauchen also dringend etwas Wind. Die Hitze hier im Baltikum ist einfach unerträglich. Heute haben wir auch zum ersten Mal seit Tagen wieder andere Boote gesehen. Wir sind also nicht die einzigen, die mit einem Boot an Estlands Küsten unterwegs sind. Bisher sahen wir nur leere Sandstrände. Wer Ruhe, Erholung und Sommerwetter sucht, für den ist Estland ein wahrer Geheimtipp. Katja hat in ihrem Reiseführer nachgesehen, dass die durchschnittlichen Wassertemperaturen hier im Juli bei 15°C liegen – heute sind es 26,4°C. Die Lufttemperatur beträgt hier im Durchschnitt 21°C - wir lesen 34°C auf unserem Thermometer ab. Also Leute was wollt ihr im Süden? Auf in den warmen Norden! Während wir über das schöne Wetter philosophieren, holen uns die technischen Probleme zurück auf den Boden der Tatsachen. Der Stromerzeuger beginnt plötzlich zu stottern und geht aus. Er lässt sich zwar wieder starten, aber läuft unrund und erzeugt keinen Strom mehr. Nach mehrfachen Versuchen, ihn wieder in Betrieb zu nehmen, fange ich damit an, ihn zu demontieren, um den Fehler zu finden. Während ich ihn zerlege, versucht Katja uns noch einige Minuten mit 1 Knoten Wind in die richtige Richtung zu bewegen. Ich finde zwar die Ursache für den Ausfall des Generators, aber ich habe, wie schon bei dem Autopiloten, keine Möglichkeit den Fehler zu beheben. Es handelt sich um einen Defekt der Steuerelektronik, denn die Spannungsregelung, wie auch die Steuerung der Motordrehzahl, erfolgt über ein Steuerteil, welches komplett vergossen ist. Wir benötigen ein neues Steuerteil - eine Reparatur ist unmöglich. Nur woher sollen wir eine Steuerung auf dem Meer vor Estland nehmen? Das war es dann für heute mit der Motorfahrt. An unserer aktuellen Position ist das Wasser nur 9 m tief - eine ankerbare Tiefe. Die See ist spiegelglatt und es weht kein Wind. Ich gehe auf das Vordeck und werfe den Anker. Wir müssen auf den Wind, der uns in den nächsten Hafen mit Strom bringt warten. Dafür kommt nur noch Tallin in Frage. Die letzte, sich in unseren Akkus befindende Energie müssen wir für das Hafenmanöver in Tallin aufsparen.

Wir genießen den Abend vor Anker, gehen Baden und retten mehreren Schmetterlingen, die im Wasser treiben das Leben, grillen und erledigen kleine Dinge an Bord.

Tag 12 - Navigationslos nach Tallin

1:00 Uhr in der Nacht weckt mich Katja mit den Worten: „Es ist Wind aufgekommen". Ich brauche nur ein paar Sekunden um zu mir zu kommen, obwohl ich tief geschlafen habe. Ich steige aus dem Bett und begebe mich auf das Vordeck. Auf dem Weg dorthin schalte ich den GPS-Kartenplotter, das Echolot, den Windmesser und das Fahrtlicht ein. Ich setze das Großsegel und hole den Anker auf. Jetzt muss nur noch das Vorsegel ausgerollt werden und los geht die Fahrt. Es sind 3 Beaufort Wind, die ich in 6-7 Knoten Fahrt umsetzen kann. Das Außenthermometer zeigt 24°C. Es ist eine sehr warme angenehme Nacht - sofern man überhaupt von Nacht reden kann, hier im Norden wird es ja bekanntermaßen im Sommer nicht dunkel, denn selbst in der tiefsten Nacht sieht man den roten Streifen der Mitternachtssonne.

Noch rund 40 Seemeilen bis Tallin. Wenn der Wind so bleibt, werden wir in der Hauptstadt Estlands frühstücken. Hoffentlich halten die Akkus noch durch!

Plötzlich kommt Katja aus der Kajüte und hat die geniale Idee den Motor beim Segeln mitdrehen zu lassen um dadurch unsere Akkus nachzuladen oder wenigstens den aktuellen Energieverbrauch zu puffern. Diesen Vorschlag setze ich natürlich sofort in die Tat um und senke den Motor ab. Katja geht wieder beruhigt schlafen. Durch den jetzt mitdrehenden Motor haben wir einen Geschwindigkeitsverlust von 0,5 Knoten, aber dafür 1-2 A Ladestrom trotz Kartenplotter, Echolot, Windmesser, Fahrtlicht und jetzt auch noch Autopiloten. Welch ein Segen ist doch dieser Motor für einen Segler!

Um 2:15 Uhr sehe ich plötzlich hinter uns ein anderes Segelboot. Kurze Zeit später bemerke ich, dass es sich sogar nähert und uns einholt. Ich bin völlig sprachlos und irritiert. So etwas habe ich seit ich einen Trimaran segle noch nicht erlebt. Uns hat noch nie ein Boot eingeholt. Unser mitlaufender Motor kann nicht die Ursache dafür sein, dass wir so viel langsamer als das andere Boot sind. Im Fernglas erkenne ich viele Leute, die an Deck beschäftigt sind. Es ist ein sehr großes Boot - ich schätze es an die 40 Fuß Länge. Es dauert keine halbe Stunde, bis wir das andere Boot querab haben. Es handelt sich um einen Racer einer mir unbekannten Klasse, der ohne Licht segelt und sicher wie wir den Wind nutzt. Aber unheimlich ist es schon, mitten in der Nacht von einem unbeleuchteten Segelboot überholt zu werden. Ein völlig neues Erlebnis. Auch in einer „hellen" Nacht los zu segeln ist eine ganz neue Erfahrung. Man plant den Tagesablauf in Abhängigkeit vom Wetter. In Schweden wissen wir, dass nachmittags mit starkem Wind zu rechnen ist, der sich abends wieder legt. Hier in Estland geht der Wind nachmittags ganz weg und kommt in der Nacht wieder. Wenn man sich darauf einstellt, lebt und segelt man im Einklang mit der Natur.

In einer Windbö erreichen wir trotz herunter geklapptem Motor 7,5 Knoten. Nach ca. 2 Stunden bin ich der Meinung, dass wir jetzt genügend Energie in den Akkus für den Autopiloten bis Tallin haben – auch laut Batteriemonitor müsste es reichen. Also klappe ich den Motor wieder hoch. Laut Seekarte haben wir um 4:00 Uhr den Golf von Finnland erreicht. Ein tolles Erlebnis!

Um 6:00 Uhr zeigt das GPS noch 12 Seemeilen bis Tallin an. Plötzlich wird alles dunkel – Stromausfall!

Die Akkus sind leer und haben abgeschaltet. Was jetzt? Den Motor herunter klappen, damit er die Akkus beim Segeln wieder laden kann funktioniert nicht, dazu benötigt das Steuerteil des Motors Strom. Es war ein großer Fehler ihn vor ca. 3 Stunden wieder hoch zu klappen, denn dann wäre der Strom auf Grund der ständigen Nachladung nicht ausgefallen. Es ist auch noch zu dunkel um mit Hilfe der Solaranlage die Akkus wieder in Betrieb zu nehmen. Hinzu kommt, dass unser Stromerzeuger defekt ist. Dadurch, dass wir für dieses Gebiet nicht einmal Papierseekarten dabei haben, können wir auch nicht sicher navigieren. Von meinem letzten Blick auf die elektronische Seekarte weiß ich noch, dass es hier viele Steine gibt. Durch mein Fluchen über unsere augenblickliche Lage wird Katja wach und kommt an Deck. Ich kläre sie über die aktuelle Situation auf. Wir haben keine andere

Chance als ab jetzt ohne Seekarte weiter zu segeln. Ausweglos erscheint die Lage jedoch nicht, da wir uns schon fast in der Schifffahrtsroute befinden, in der fast jedes Schiff Tallin ansteuert. Vom letzten Blick auf die Karte wissen wir wo Tallin ungefähr liegt. Wir müssen einfach nur den Schiffen folgen. Bleiben noch die vielen Steine, deren Position wir nicht kennen. Wenn wir erst einmal im Fahrwasser sind ist diese Gefahr gebannt. Ein weiteres Problem, dass mir schon jetzt im Kopf herum schwirrt, ist das Anlegemanöver im Hafen ohne Motor. Aber erst einmal müssen wir dort ankommen!

Bis zur Bucht von Tallin läuft es gut. In die Bucht selbst müssen wir uns hinein kreuzen, denn der Wind kommt leider auch noch direkt aus der Bucht. Wir halten großen Abstand zum Ufer, müssen uns diesem durch den Kreuzkurs aber immer wieder nähern. Katja hält, wenn wir dem Ufer zu nahe kommen, auf dem Bug stehend nach Steinen Ausschau. In der Schifffahrtsrinne sind wir zwar vor Steinen sicher, aber das ständige Kreuzen darin ist bei dem stark frequentierten Schiffsverkehr sehr gefährlich. Wir wissen auch nicht, wo genau sich die Marina befindet. Als wir einen finnischen Segler, der aus Tallin zu kommen scheint, sehen, halte ich auf ihn zu um ihn zu fragen, wo sich der Hafen befindet. Er bekommt einen Schreck und schimpft, da wir direkt auf ihn zusteuern und erst kurz vor ihm auf seinen Kurs gehen, um dann neben ihm her zu segeln. Als er bemerkt, weshalb ich mich so verhalte, beruhigt er sich und zeigt freundlich in Richtung der großen Schiffe, die man bereits in Tallin sieht. Wir bedanken uns und gehen wieder auf den Kreuzkurs nach Tallin. Wir vermuten, dass sich der Yachthafen im Fährhafen befindet. Das Ziel scheint nah - nun wird es Zeit, das Anlegemanöver ohne Hauptmotor zu durchdenken. Hier muss der im Steuerbordschwimmer liegende Beibootmotor mit dem externen Akku, der noch über genügend Energie für ein Anlegemanöver verfügt, zum Einsatz kommen. Aber wie sollen wir ihn benutzen? Am Heckspiegel hängt ja bereits der große Motor und ein Hilfsmotorspiegel ist nicht vorhanden. Uns kommt nur die Idee, den Motor am Beiboot zu befestigen und dieses wiederum mit dem Trimaran zu vertäuen. Katja geht an die Pinne, ich baue den Motor

41

zusammen und pumpe das defekte Beiboot auf. Dabei kommt mir eine bessere Idee! Ich befestige den Beibootmotor an der Aluminiumverstrebung (Wasserstag) des Steuerbordbeams. Da das Aluminiumprofil viel zu schmal für die Knebelschrauben der Motorhalterung ist, muss ich mit Hilfe eines Festmachers Halt in diese Konstruktion bringen. Jetzt sind wir bereit zum Anlegen.

Es laufen viele Schiffe in den Hafen ein und aus und dazwischen kreuzen wir. Als wir an der Hafeneinfahrt ankommen, nähert sich gerade wieder ein großes Schiff von hinten. Wir brechen unser Manöver in den Hafen einzulaufen ab und holen noch etwas Höhe, bis das Fährschiff in der Einfahrt verschwunden ist. Jetzt geht es aber los! Gleich hinter der Fähre segeln auch wir hart am Wind in den Hafen. Zwischen den vielen Schiffen die hier liegen, verlässt uns natürlich der Wind stellenweise und kommt dann plötzlich durch eine Lücke hindurch wieder, um gleich durch den Windschatten des nächsten Schiffes zu verschwinden. Diese kurzen Windstöße reichen jedoch, um uns durch den Bereich der großen Schiffe kommen zu lassen. Jetzt muss alles schnell gehen! Wir bergen die Segel und schalten den provisorisch befestigten Beibootmotor ein. Der Akku von diesem Motor hat noch 80% Energie-Restkapazität. Das muss reichen! Ich bediene den Motor mit der einen Hand und mit der anderen Hand halte ich ihn zusätzlich zu meiner gebundenen Halterungskonstruktion fest, damit er nicht in den Tiefen des Talliner Hafenbeckens verschwindet. Ich gebe nur so viel Schub, dass wir gerade vorwärts kommen. Der Hafenmeister von Tallin ist sehr aufmerksam und erkennt unsere Lage schon von weitem, denn er steht auf einem Steg und winkt uns mit einer orangenen Flagge zu. Wir kommen näher und er zeigt uns einen ausreichend großen Schwimmsteg, an dem wir genügend Platz zum Anlegen mit unserem manövrierbehindertem Boot haben. Ich traue mir kaum Rückwärtsschub zu geben um das Boot vor dem Steg abzubremsen. Schließlich will ich den Motor nicht noch kurz vor dem Ziel verlieren! Also wird unser Anlegemanöver nicht gerade sanft. Katja leistet auf dem Steuerbordschwimmer gute Arbeit, indem Sie uns mit Hilfe der Fender abbremst. Wir haben es geschafft! Ohne Schäden sind wir im Hafen von Tallin angekommen. Nachdem unser Boot vertäut ist, nehme ich den Beibootmotor wieder ab und hänge unsere l'espoir tri an die lang ersehnte Steckdose. Keine Minute später schalten die Akkus wieder zu. So weit dürfen wir es nicht wieder kommen lassen! Dies war die schlimmste Lage, in der wir uns je befunden haben. Wir sind richtig stolz, obwohl es dazu eigentlich keinen Grund gibt, denn ein bisschen Fehleinschätzung war ja auch dabei. Allerdings möchte ich zu meiner Entschuldigung auch sagen, dass wir nicht ahnen konnten, dass kein Verlass auf die neuen und extrem teuren Akkus und den neuwertigen Stromerzeuger ist. Vor allem die Verluste durch die Anschlussboxen der Lithium Batterien sind so hoch, dass die Effizienz letztendlich geringer als bei Bleibatterien gleicher Kapazität ist. Hinzu kommt, dass beim Laden immer Fehlermeldungen auf den Displays der Akkus angezeigt werden und diese nie vollständig geladen werden. Das ist für uns nicht zufriedenstellend. Wir müssen das Beste aus der Situation machen, schließlich sind wir in Tallin und freuen uns darauf, die Stadt zu erkunden. Im modernen Hafen von Tallin zahlen wir für eine Nacht inklusive Strom, Wasser und Internet 30€.

Tallin hat ein gut erhaltenes mittelalterliches Stadtzentrum. Besonders fasziniert sind wir von der Alexander-Newski-Kathedrale mit den 5 Zwiebeltürmen, die wir schon bei der Ansteuerung Tallins gesehen haben. Hier verweilen wir und genießen den Augenblick, um uns anschließend auf die Suche nach einem Internetcafe zu machen. Wir vermuten einen Internetzugang auf dem Bahnhofsgelände. Dieses erinnert jedoch eher an einen Marktplatz, als an ein Gebäude, an dem Reisende verkehren. Schließlich nutzen wir den Internetzugang im Aufenthaltsraum neben dem Hafenbüro. Am späten Nachmittag unternehmen wir trotz sengender Hitze und absoluter Abgeschlagenheit einen zweiten Landgang durch den modernen Stadtteil Tallins. Wir gehen zeitig schlafen, denn die letzte Nacht steckt noch in unseren müden Gliedern.

Tag 13 - Ein Tag - zwei Hauptstädte

Nach dem Frühstück verlassen wir die Hauptstadt Estlands. Die Ausfahrt aus dem Hafen ist mit vollen Batterien ein Kinderspiel. Unsere Fahrt beginnt sehr gemütlich. Leider können wir den direkten Kurs nach Helsinki nicht segeln, da der Wind genau aus dieser Richtung kommt. Wir beschließen erst den Golf von Finnland zu überqueren und dann in die Bucht von Helsinki hinein zu kreuzen. Wir hatten bisher das Glück, den Wind selten von vorn zu haben. Je weiter wir nun die Talliner Bucht verlassen, desto ungemütlicher wird es. Die Wellen krachen und das Wasser spritzt durch alle Ritzen und das bei nur 4 Windstärken!

Nach einer Stunde beruhigt sich die See und das Segeln macht wieder mehr Freude. Zu Mittag gibt es heute Essen aus der Dose.

Kurz vor dem Rönngrund, welcher sich ca. 20 Seemeilen vor Helsinki befindet, beginnen wir mit dem Kreuzen. Wir haben die Ideallinie von Tallin nach Helsinki um ca. 11 Seemeilen verlassen. Mit vielen kleinen Kreuzschlägen versuchen wir jetzt weiter durch die Schären in die Bucht der Hauptstadt Finnlands einzudringen. Draußen auf See braut sich ein Gewitter zusammen. Es donnert und grollt ununterbrochen und wir versuchen dem Unwetter krampfhaft zu entkommen. Leider holt uns das Gewitter bald ein und dadurch ist auch der Wind komplett weg. Kurz danach kommt der Regen und wir hören nicht nur den Donner - wir sehen auch die Blitze. Ich hole die Segel ein. Es heißt ja: „Kommt der Regen vor dem Wind, pack die Segel ein geschwind". Das tatsächlich Wind aufkommen wird, davon gehe ich aus, denn ich glaube einen sich nähernden Böenkragen am Himmel zu erkennen. Wir fahren mit Motor weiter und schließen unser Verdeck komplett damit wir nicht nass werden. Unsere Geschwindigkeit wählen wir so, dass wir Helsinki mit unserer verbleibenden Batteriekapazität sicher erreichen werden. In diesem Fall sind das für die verbleibenden 17 Seemeilen ca. 3,5 Knoten. Zum Schutz vor Blitzeinschlag befestige ich 4 Edelstahlseile, die ich extra für solche Fälle angefertigt habe, an den Wanten und lasse die jeweiligen Enden in das Wasser hängen. Danach packen wir alle elektronischen Geräte in ein

44

Behältnis aus Aluminium. Man ist zwar auf See nie sicher vor einem Gewitter, aber die Ableitung der Energie in das Wasser im Falle eines Blitzeinschlages über die Wanten und weiter über unseren Blitzschutz ist auf alle Fälle eine Maßnahme bei der man beruhigter ist. Das Verpacken der elektronischen Geräte in Aluminium-Behälter schützt den Inhalt nach dem Prinzip des Faradayschen Käfigs vor der hohen Feldstärke, die im Falle eines Blitzeinschlages entsteht.

Das Gewitter zieht sehr langsam und benötigt mehrere Stunden bis es uns erreicht und endlich komplett über uns hinweg gezogen ist. Bald darauf kommt wieder Ostwind der Stärke 4 auf. Wir holen die Segel heraus und nutzen den Wind, da uns dieser in die richtige Richtung bringt. Wir jagen mit 7 Knoten dem Gewitter hinterher. Jedoch lässt der Wind bald darauf wieder nach und wir segeln nur noch 3-4 Knoten. Wir haben uns die heutige Etappe zu einfach vorgestellt, denn wir planten, bereits am Nachmittag in Helsinki einzulaufen und unseren ersten Landgang in Finnland zu unternehmen. Was sind schon 43 Seemeilen? Jetzt liegen bereits 50 Seemeilen in unserem Kielwasser und es ist schon 16:30 Uhr…

Der Wind dreht weiter auf Nordost und wir beginnen wieder mit dem Kreuzen. Kurz darauf lässt er nach, bis er ganz weg ist. Wir bergen die Segel und fahren mit dem E-Motor weiter. 10 Minuten später kommt wieder Wind auf - also Motor aus und die Segel wieder hoch. Wir sind einfach immer zu voreilig mit dem Wechsel vom Segel zum Maschinenantrieb.

Vier Seemeilen vor unserem Zielhafen fassen wir den Entschluss, das Segeln für heute endgültig zu beenden und mit Motor auf direkten Kurs zu gehen. Ich bin gerade dabei, den Motor herunter zu klappen als Katja schreit: Nach links - ein Stein! Ich reiße die Pinne herum. Unser Trimaran dreht fast auf der Stelle und der Steuerbordschwimmer saust geschätzte 5 m an einem Stein vorbei, der sich kurz unter der Wasseroberfläche befindet. Das Glück war auf unserer Seite! Nicht auszudenken wenn wir auf diesen Stein gelaufen wären… Die Navigation vor Helsinki ist, wie bei fast allen skandinavischen Metropolen, durch die vorgelagerten Schären sehr anspruchsvoll.

Wir bergen die Segel und fahren ab jetzt wie geplant mit Motor weiter. Kurze Zeit später wird der Wind wieder stärker und bläst mit 17-19 Knoten direkt von vorn. Wir müssen jetzt schon mit 1000 W Antriebsleistung fahren um wenigstens über 3 Knoten Geschwindigkeit zu bleiben. Der Wind nimmt aber weiter bis auf 30 Knoten zu und das kurz vor dem Ziel! Es baut sich trotz des relativ geschützten Reviers eine kurze Welle von vorn auf, durch die das Bootsheck so weit aus dem Wasser gehoben wird, dass der Propeller des Motors regelmäßig Luft zieht und frei dreht. Wir kommen dadurch nur noch langsam vorwärts und fahren jetzt schon stellenweise mit 1800 W Antriebsleistung um überhaupt noch Distanz nach Luv zu gewinnen. Der Wind ist ja noch beherrschbar - aber die Wellen sind unter Motor der Hammer! Nach 20 Minuten - gefühlten 2 Stunden – kommen wir endlich an eine Stelle, an der wir durch zwei Felsen in ein geschützteres Fahrwasser abbiegen können, doch es scheint eine ausweglose Situation zu sein, bei dem starken Wind im siedenden Wasser von Felsen umgeben durch diese Enge manövrieren zu müssen. Wenn jetzt die Akkus versagen oder der noch nie unter solchen Bedingungen getestete Motor aus irgendeinem Grund ausfällt, haben wir keine Chance! Wir würden unweigerlich an einem der Felsen zerschellen! Katja erstarrt fast vor Angst. Ich bleibe in solchen Momenten immer relativ ruhig und das ist auch gut so, denn wenn auch ich fast die Nerven verlieren würde, dann bräuchten wir gar nicht erst los zu segeln. Es gibt leider immer wieder solche Situationen auf See. Meine beruhigenden Worte helfen Katja schließlich wieder neuen Mut zu fassen.

Die Durchfahrt zwischen den zwei Schärenfelsen liegt immer noch vor uns. An Backbord haben wir circa 5 m Abstand zu den Felsen, an denen sich die Wellen brechen. Zu unserer Steuerbordseite ist der Abstand noch viel geringer. Wir halten zu dieser Seite viel weniger Abstand, weil der Wind jetzt von Steuerbord kommt. Ich

Entspannung auf dem Vordeck

Abendstimmung im Kalmarsund

47

Unser Liegeplatz im Hafen von Kalmar

Himmel über Kalmar

Seifenblasen

Großsegel und Spinnaker

49

Ideales Segelwetter

Die kleine Möwe

50

Blick auf die Domkirche

In den Schären vor Hanko

51

Blick vom Hankoer Wasserturm auf die vorgelagerten Schären

Besuch an Bord

52

Bornholmer Zweisamkeit

Hammerhavn auf der Insel Bornholm

Sturm…

und Stille

54

drehe auf volle Antriebsleistung um möglichst viel Fahrt zu machen und schnell und sicher durch die Enge zu kommen. Die Wellen erzeugen soviel Ruderdruck, dass ich beide Hände an der Pinne zum Lenken benötige, denn Wellen und Wind versuchen uns auf die Steine an unserer Backbordseite zu schleudern. Es ist, wie durch Stromschnellen zu fahren! Wir sind so angespannt, dass wir kaum zu Atmen wagen. Die Passage der Enge dauert nicht einmal eine Minute - uns kommt es jedoch wie eine Ewigkeit vor. Im Schutz der Felsen wird es schlagartig ruhig. Geschafft! Wir atmen auf. Nun sind wir vor Wind und Wellen durch die Felsen geschützt. Ca. 15 Minuten später erreichen wir den Hafen Norra Hamnen in Helsinki. Wir legen bei leichtem Seitenwind von 12 Knoten an. Uns fällt in diesem Moment ein riesiger Stein vom Herzen. Ich bin vor allem froh, dass der Motor und die Akkus, denen ich nicht sonderlich traue, so zuverlässig funktionieren. Mit diesem Motor haben wir endlich wieder einen leistungsstarken und sicheren Antrieb für unser Boot, auf den man sich auch in Extremsituationen verlassen kann. Den Akkus traue ich aber noch nicht.

Es ist bereits 21:00 Uhr als wir das Boot verlassen um einen ersten Landgang in Helsinki, der Hauptstadt Finnlands - dem lang ersehnten Ziel unserer Reise, zu machen. Das Wetter zeigt sich hier von seiner angenehmen Seite, denn die Wolkendecke hat sich aufgelöst und Wind und Regen sind vorüber.

Im Hafenbüro sagt man uns, dass wir unsere l'espoir tri an einen anderen Anleger umsetzen sollen. Der Platz an dem wir festgemacht haben ist zwar frei, aber keiner weiß wie lange. Katja möchte dieser Bitte eigentlich gar nicht nachgehen, denn sie hat genug für heute. Dennoch verlegen wir unseren Trimaran zum Gästesteg und können uns nun endlich in das Nachtleben von Helsinki stürzen.

Tag 14 – Ein Tag an Land

Heute ist Ausschlafen an Bord der l'espoir tri angesagt - schließlich haben wir ja Urlaub! Gegen 10:00 Uhr verlassen wir das Boot und schauen uns die zahlreichen Sehenswürdigkeiten dieser tollen, auf Schären errichteten Stadt, an. Wir erkunden die eindrucksvolle Domkirche, die Felsenkirche (eine Kirche die in und aus Felsen gebaut ist) sowie die Uspenski Kathedrale am Hafen. Anschließend flaniert Katja durch die vielen Geschäfte in der Innenstadt während ich mit meinem Handy E-Mails beantworte. Am späten Nachmittag fahren wir mit dem Bus auf die Insel Lauttasaari, auf der sich viele Geschäfte mit Bootszubehör befinden. Leider haben wir weder dort, noch im Baumarkt, den wir auf unserem Rückweg zu Fuß entdeckten, einen geeigneten Stromerzeuger gefunden. Mein Plan einen neuen Generator für die Rückfahrt zu erwerben, scheiterte damit. Nun müssen wir mit der uns zur Verfügung stehenden Kapazität der Batterien auskommen.

Am Abend füllen wir den Wassertank und treffen Vorbereitungen für die Rückfahrt. Es wäre schön, wenn uns noch ein weiterer Tag zum Verweilen in Helsinki bleiben würde. Doch es ist leider schon Zeit für die Heimreise, denn uns stehen nur noch 16 Tage zur Verfügung. Wir rechnen damit, dass wir für die Heimfahrt länger als für die Anreise benötigen, da wir bei den vorherrschenden Windrichtungen den Wind oft von vorn haben werden.

Tag 15 – Mittagessen in den Schären

Es ist Samstag, der 17.Juli 2010 um 6:30 Uhr. Wir verlassen den Hafen Norra Hamnen in Helsinki. Die ersten 3 Seemeilen legen wir mit Motorkraft zurück. Das schmale steinige Fahrwasser, welches uns auf der Hinfahrt fast Nerven und Boot gekostet hat, wirkt heute friedlich und geradezu idyllisch. Als wir offenes Wasser erreichen, setzen wir die Segel und fahren hart am Wind entlang des Fahrwassers. Leider dauert das bei der momentanen Windarmut etwas länger. Bis der Wind endlich auffrischt und wir richtig vorwärts kommen, passieren uns mehrere Schiffe in nächster Nähe.

Gegen 9:30 Uhr steigt der Wind innerhalb weniger Minuten bis zur Stärke 4 an. Wir beginnen mit dem Kreuzen, denn der Wind kommt direkt von vorn. Daran müssen wir uns wohl in den nächsten Tagen gewöhnen. In der noch geschützten Bucht lässt es sich gemütlich segeln, deshalb steuert Katja heute die Wenden um ihre Segeltechnik zu verbessern. Mir kommt die Idee, den Laptop an den Motor anzuschließen und den Ladestrom, der durch das mitdrehen lassen des Motors erzeugt wird, zu erhöhen. Ich hatte diesen vor dem Urlaub nur auf 20% gestellt, damit der Propeller schön leichtgängig ist. Wenn ich nun diese Einstellung etwas erhöhe, liefert der Motor sicher mehr Ladestrom und wir haben vielleicht unser Energieproblem, welches wir durch den defekten Stromerzeuger bekommen können, etwas minimiert. Allerdings spritzt es jetzt beim Segeln zu sehr, um diese Einstellungen mit dem Computer vornehmen zu können. Also verschiebe ich dieses Vorhaben auf heute Abend am Ankerplatz.

Zu einem Ankerplatz kommen wir schneller als uns lieb ist, denn kurze Zeit später fallen plötzlich Autopilot und Windmesser aus. Ich weiß sofort was los ist! Durch die Bewegungen in den Wellen hat sich sicher ein Steckkontakt vom Spannungswandler von 24 V auf 12 V gelöst. Katja übernimmt die Pinne und ich hänge wieder einmal mit dem Kopf im Batterieraum. Es ist genau wie vermutet: Das Band, mit dem ich den Wandler vor Gotlands Küste nach dem Zersägen des Gehäuses notdürftig befestigt habe, hat sich gelöst.

Dadurch ist der Wandler herunter gefallen und einer der Stecker, die sowieso noch nie richtig hielten, ist abgegangen. Ich schalte wieder einmal den China-Wandler ein und wir nehmen Kurs auf die Schären um uns dort einen ruhigen Ankerplatz zu suchen. Hier nutzt Katja die Gelegenheit und kocht Vollkornnudeln während ich die Kabel anlöte, damit sie sich auch im stärksten Seegang nicht wieder lösen. Nach dem Essen programmiere ich noch schnell den Controller des Motors um. Ich stelle den Ladestrom auf Maximum - das bedeutet in diesem Fall 50%. Danach segeln wir endlich weiter. Durch diesen Zwischenfall haben wir fast 2 Stunden verloren. Der Wind erreicht jetzt 21 Knoten. Für uns ein Grund, im Innenfahrwasser der Schären zu bleiben. Auch hier können wir kreuzen und sind gleichzeitig geschützt vor den Wellen. Langsam holt uns ein anderes Boot ein. Ich bin erstaunt, was dieser 36 Fuß Mono doch für eine Höhe segelt und gleichzeitig bin ich von uns enttäuscht. Ich kann zwar damit leben, dass dieses Boot besser kreuzt als unseres, aber so viel besser...? Jetzt will ich es wissen: Ich sage zu Katja, dass sie die Fock richtig dicht holen soll, zerre das Großsegel stramm und nehme den Traveller etwas nach Luv. Wir können jetzt 20° weiter an den Wind gehen ohne großartigen Geschwindigkeitsverlust. Erstaunlich! Es dauert keine 10 Minuten bis wir den Mono wieder überholt haben. Das hätte ich nie für möglich gehalten. Wir erreichen jetzt einen Wendewinkel von unter 100°! Das ist aber nur bei glattem Wasser hier in den Schären möglich - sobald Wellen und Dünung hinzu kommen, freut man sich schon über einen Wendewinkel von 140°.

Auch den Ladestrom des Motors habe ich heute ermittelt. Er ist mit 2,5-3 A etwas höher als vor der Veränderung der Einstellung, aber noch relativ gering. Trotzdem bin ich damit zufrieden, denn wenn man ihn beim Segeln 10 Stunden mitdrehen lässt, kann man so theoretisch 25 Ah nachladen. Für uns ist das ausreichend für 2 Tage segeln mit GPS-Plotter, Echolot, AIS, Windmesser und Autopilot. Einen Nachteil hat das Ganze aber noch: Man kann den Motor nur beim Segeln rekuperieren lassen wenn die Wellen nicht allzu hoch sind, da sonst die Motorhalterung zu stark beansprucht wird.

Kurz nach 18 Uhr verlässt uns der Wind und wir suchen uns einen schönen Ankerplatz in einer Schärenbucht. Hier beobachten wir die Möwen und sehen sogar einen Elch. Durch das Fernglas gesehen entpuppt sich der vermeintliche Elch jedoch als Hirsch. Als wir in der Koje liegen und einen Film ansehen, tippelt es auf dem Vordeck und eine große weiße Möwe sieht durch die Vorschiffsluke hinein. Sie bleibt aber nur wenige Minuten. Der Film ist anscheinend nicht nach Ihrem Geschmack.

Heute sind wir den ganzen Tag gekreuzt und unserem nächsten Ziel nur ca. 25 Seemeilen näher gekommen. Eine traurige Bilanz für den ersten Tag der Rückreise.

Tag 16 – Mit letzter Kraft nach Hanko

5:00 Uhr werde ich wach und sehe kurz aus dem Fenster. Der Wind weht aus einer für uns guten Richtung. Ich stelle weiterhin fest, dass unser Boot noch sicher vor Anker liegt. Sollen wir jetzt lossegeln und den günstigen Wind nutzen? Nein, denn ich fühle mich noch zu müde.

7:00 Uhr steht Katja auf und weckt mich mit den Worten: „Sven wir haben Wind aus Südost!". Nun rapple auch ich mich auf und bereite unseren Mini-Backofen für die Brötchen vor. Nach dem Frühstück segeln wir los. Es geht mit 5-6, stellenweise auch 7 Knoten dahin. Wie fast jeden Tag werden die Wellen immer höher je weiter wir den geschützten Ankerplatz verlassen. Bald sehen wir querab am südlichen Himmel eine „dunkle Wand" mit einem noch dunkleren Zentrum. Wir segeln so schnell wie es bei diesen Windverhältnissen möglich ist nach Westen um diesem Wetter zu entkommen. Nach einer Stunde ist der gesamte Himmel bedeckt und wir stellen fest, dass wir dem Unwetter tatsächlich entkommen sind. Nun legt sich jedoch der Wind. Wir nutzen den Motor und fahren in das Innenfahrwasser der Schären. Hier ist überraschenderweise wieder etwas Wind - aber leider von vorn. Uns bleibt nichts anderes übrig als den vorhandenen Wind zu nutzen und kreuzend unseren Weg im Innenfahrwasser fortzusetzen. Wenn wir doch nur einen funktionierenden Stromerzeuger an Bord hätten, dann wären wir sicher mit Motor weiter gefahren. Inzwischen haben wir Bedenken, dass wir unter den jetzigen Wetterbedingungen und in der uns noch zur Verfügung stehenden Zeit, die vor uns liegende Strecke bewältigen können. Wenn wir damit beginnen würden die Nächte hindurch zu segeln, dann ist es durchaus machbar. Das möchten wir jedoch vermeiden, denn schließlich haben wir Urlaub.

Wir kreuzen durch das teilweise sehr schmale Fahrwasser zwischen den Schärenfelsen, während sich Katja um unser leibliches Wohl kümmert indem sie Spaghetti Bolognese zubereitet.

Der Wind erreicht am Nachmittag maximal 15 Knoten. Wenn er doch nur aus Südwesten statt Südosten kommen würde! Neun Seemeilen vor unserem Ziel, der finnischen Stadt Hanko, schalten wir den Motor ein um die verbleibende Strecke auf direktem Weg zurückzulegen. Es ist richtig erholsam endlich einfach nur zu fahren ohne die ständigen Wenden. Man sagt: Kreuzen bedeutet den doppelten Weg, die dreifache Zeit und den vierfachen Ärger. In den Schären kommt noch die fünffache Anstrengung hinzu, da man ständig auf Steine, Untiefen und andere Boote achten muss.

Da ich weiß, dass unser Batteriemonitor in Verbindung mit diesen Akkus keine reelle Batterierestkapazität anzeigen kann, kontrolliere ich in regelmäßigen Abständen die Anzeigen auf den Akkus. Dazu krieche ich bewaffnet mit Taschenlampe und Spiegel unter die Matratze im Vorschiff. Dort schraube ich den vorderen Lukendeckel auf und versuche mit meinen beiden Hilfsmitteln einen Blick auf die zwei Displays der Akkus zu erhaschen. Bei der jetzigen Ablesung wundere ich mich sehr: Batterie 1 ist leer und hat bereits abgeschaltet. Batterie 2 hat noch 48 Ah - also völlig ausreichend bis zum Hafen von Hanko. Nur weshalb sind die Akkus so unregelmäßig entladen? Ist ein Akku defekt? Ich setze mich wieder ins Cockpit und freue mich auf die baldige Ankunft, denn es dämmert bereits. Wir sitzen keine 5 Minuten. Plötzlich macht es klick und alle elektrischen Geräte gehen aus – Stromausfall! Katja ist sofort verzweifelt und bricht in Tränen aus. Ich muss sie erst einmal beruhigen. Das Schlimmste ist die hereinbrechende Nacht, die aufgrund eines aufziehenden Regengebietes diesmal wirklich dunkel ist.

Ein kleines offenes finnisches Motorboot kommt gefahren. Mein erster Gedanke ist, den Skipper dieses Bootes zu fragen, ob er uns in den nächsten Hafen schleppen kann. Wir winken ihn herbei. Er hat aber keine Zeit, da sich Frau, Kleinkind und Hund an Bord befinden und er diese schnellstmöglich nach Hause bringen muss. Er gibt mir seine Seekarte, damit wir mit dieser in den Hafen finden können. Segeln können wir ja auch ohne Strom - obwohl dies im Dunkeln in den Schären mit Wind von vorn so riskant wie russisches Roulette ist. Trotzdem sind wir froh und bedanken uns. Er gibt mir seine Telefonnummer für den Fall, dass wir es nicht schaffen...

Papierkarten sind eben durch nichts zu ersetzen - das weiß auch jeder, doch leider kosten die Papierseekarten für einen großen Törn ein kleines Vermögen. Außerdem benötigt man für Schärengebiete extrem genaue Detailkarten. 2007 verwendeten wir zur Navigation so einen Wateralmanak der Stockholmer Schären. Damals stand fest, dass wir nach Stockholm segeln, also lohnte sich der Kauf dieser Kartensammlung. Bei unserem diesjährigen Törn wussten wir vorher nicht in welchem Gebiet der Schären wir segeln, da die genaue Reiseroute durch die Windrichtung bestimmt wurde. Wir hätten also Detailkarten für die halbe Ostsee kaufen müssen. Unsere elektronische Seekarte deckt jedoch die gesamte Ost- und Nordsee ab.

Wir bedanken uns bei Tom, dem Finnen mit dem kleinen Motorboot und versprechen die Seekarte im Hafenbüro in Hanko für ihn zu hinterlegen. Anschließend setzen wir die Segel und beginnen mit dem Kreuzen. Während des Segelsetzens kommt mir eine Idee: Der Akku hat vor ein paar Minuten noch 48 Ah auf dem Display angezeigt - also kann er auch nicht leer sein, es sei denn er ist defekt. Vielleicht wurde ja auch nur die Sicherheitsabschaltung zu früh aktiviert. Egal wo der Fehler liegt, etwas Energie wird der Akku schon noch liefern können! Ich bitte Katja allein zu segeln. Das möchte sie jedoch hier zwischen den Steinen auf gar keinen Fall. Sie hat keine Orientierung mehr. Ich erkläre ihr kurz, dass sie einfach immer hier im Fahrwasser kreuzen und mich bei einem Problem rufen soll. Das Fahrwasser ist zwar ausgetonnt, nur leider sind die Tonnen sehr weit auseinander und unbeleuchtet. Es ist ausreichend, wenn wir nur die Position halten, so lange ich nicht mit an Deck bin. Katja muss also nur versuchen, zwischen zwei Fahrwassertonnen hin und her zu segeln. Ich hole schnell passendes Werkzeug und eine 50 mm²-Kabelbrücke aus der Werkzeugtasche im Backbordschwimmer und mache mich unter meiner Matratze an die Arbeit. Zuerst baue ich die Anschlussbox aus. Selbst wenn der Akku wirklich leer ist, ausreichend Strom zur Navigation und vielleicht sogar für ein kurzes Anlegemanöver muss er uns noch bringen. Viel Schaden können wir bei diesen Akkus nicht mehr anrichten. Ich schraube die Anschlussbox auf und überbrücke das Relais für die Abschaltung mit der Kabelbrücke. Ich baue die Box wieder ein und schon haben wir wieder Strom an Bord! Genial - ein unbeschreibliches Glücksgefühl! Wir schalten die für eine sichere Navigation erforderlichen Geräte ein und ich übernehme die Pinne. Katja hat unsere Position gut gehalten. Wir kreuzen die verbleibenden 1,5 Seemeilen bis in den Hafen. Hier sehen wir einen freien Anleger. Jetzt muss alles schnell gehen, denn der Wind von vorn schiebt uns wieder aus dem Hafen. Wir nehmen die Segel herunter und versuchen die letzten 30 Meter zum Steg mit Motorhilfe zurückzulegen. Nun wird auch noch die Beleuchtung unseres Kartenplotters merklich dunkler und der Akku beginnt Warntöne abzugeben. Katja steht auf dem Backbordschwimmer um uns notfalls mit Seilhilfe an Land zu bringen, doch trotz unserer Anspannung legen wir perfekt an. Geschafft! Der Weg hätte keinen Meter weiter sein dürfen. Wir haben den zweiten Stromausfall überstanden.

Nachdem wir unser Boot sicher am Steg befestigt haben, stelle ich den Original-Zustand der Anschlussbox wieder her und stecke das Landstromkabel in die Steckdose am Steg. Keine 3 Minuten später schalten die Anschlussboxen zu und unsere kleine Welt ist wieder in Ordnung.

Erschöpft gehen wir schlafen.

Tag 17 – Über den Golf von Finnland

Auch heute stehen wir wieder vor der Frage: Wie soll es weiter gehen? Segeln wir mit den defekten Akkus weiter oder kaufen wir zwei Bleibatterien? Die Kennlinie der Ladegeräte kann von mir problemlos so umprogrammiert werden, dass ich damit Bleiakkus laden kann. Oder sollen wir lieber versuchen einen neuen Stromerzeuger zu kaufen? Katja recherchiert in ihrem Reiseführer und findet heraus, dass von Hanko eine Fähre nach Deutschland geht. Sie schlägt vor diese zu nehmen um Auto und Trailer zu holen. Diese Idee verwerfe ich sofort. Allein schon der Gedanke ist „seglerherzbrechend". Wir haben ein Segelboot und wir werden auch damit wieder zurück segeln. Notfalls auch ohne Strom!

Bevor wir uns weiter darüber Gedanken machen, gehen wir erst einmal ins Hafenbüro um die geliehene Seekarte abzugeben und unser Liegegeld zu bezahlen. 45 Euro für eine Nacht! Das übertrifft alles, was wir bisher an Hafengebühren entrichten mussten. Für diesen Betrag kann man in anderen Orten in einem Hotel übernachten und bekommt sogar noch Frühstück. Wir zahlten um im eigenen Boot schlafen zu dürfen. Das ist mir zwar lieber als jedes Hotel der Welt, aber unverschämt finde ich es trotzdem.

Anschließend gehen wir zur Tourist-Information und lassen uns alle Baumärkte und Bootszubehör-Geschäfte von Hanko in unseren Stadtplan eintragen. Diese gehen wir nach und nach ab in der Hoffnung einen Stromerzeuger zu erwerben. Doch diese drei Stunden Fußmarsch waren vergebens. Es gibt scheinbar in Finnland keinen passenden Stromerzeuger für uns. Einen riesengroßen Generator hätten wir kaufen können. Dieser wäre jedoch durch keine Luke in unserem Boot gegangen. Außerdem war er viel zu schwer.

Bisher haben wir von Hanko nur langweilige Straßen gesehen. Damit aber auch dieser Landgang unvergesslich wird, genießen wir von der Aussichtsplattform des Wasserturmes einen wunderschönen Ausblick über die Stadt Hanko und den Golf von Finnland mit den davor liegenden Schärenfelsen.

Zurück an Bord essen wir Mittag. Danach bringe ich unseren Müll weg, fülle den Wassertank und mache das Boot abreisefertig. Wie in den letzten Tagen weht auch heute der Wind aus westlichen Richtungen. Diesen wollen wir heute nutzen für einen, je nach Windlage, ca.140-210 Seemeilen langen Schlag nach Schweden. Im Hafen pfeift der Wind in den Masten. Ich ahne, dass unser Plan nicht durchführbar ist, sage aber nichts zu Katja um sie nicht schon vor dem Auslaufen zu beunruhigen. Es ist kein Wetter für unser Vorhaben, doch hier können wir auf keinen Fall bleiben. Die Zeit drängt, da wir in 12 Tagen wieder in Deutschland sein müssen. Dort wartet der Arbeitgeber und die Liegegebühren sind hier in Hanko einfach nicht bezahlbar da sie höher sind als in der Hauptstadt von Finnland! Man wird also förmlich aus dem Hafen getrieben und das im wahrsten Sinne des Wortes, denn kurz vor unserer Abfahrt kommt der Hafenmeister und will uns einen anderen Steg zuweisen, da sich ein größeres Boot angemeldet hat, welches unseren Platz benötigt. Ich sage ihm, dass wir in einer halben Stunde auslaufen.

Wir legen ab und fahren mit Motor aus dem Hafen. Mir fällt auf, dass alle Boote die ebenfalls den Hafen verlassen nach Osten fahren - keiner will nach Südwesten! Wir setzen die Segel - das Großsegel gleich mit dem zweiten Reff, welches wir schon im Hafen eingebunden haben. Bevor wir in offenes Wasser kommen müssen wir auf Südostkurs segeln um die vorgelagerten Schären zu verlassen. Diese bieten uns zugleich Schutz vor den Wellen. Wir erreichen Geschwindigkeiten von über 8 Knoten. Bald verlassen wir die Schären und versuchen auf den geplanten Kurs zu gehen. Der Wind kommt hier aus Südwesten statt aus Westen wie in den letzten Tagen. Aus diesem Grund müssen wir von unserem Vorhaben nach Schweden zu segeln absehen. Wir schaffen hart am Wind einen Kurs von 195°-200° was bedeutet, dass wir nur nach Estland kommen. So schnell wird aus den geplanten 200 Seemeilen ein Kurztörn von nur 50 Seemeilen. Aber was für einer! Die Wellen nehmen extreme Ausmaße an. Manche durchschneiden wir mit dem Bug, in andere Wellen krachen wir so stark, dass man sich kaum im Sitzen halten kann. Das Wasser dringt durch alle Ritzen - leider auch durch die Vordecksluke. In der kommenden Nacht werden wir ein nasses Bett haben. Es gibt fast nichts an Bord das trocken bleibt. Katja tut mir so leid, sie zittert vor Angst. Auch mir wird etwas komisch im Magen, lasse mir aber nichts anmerken. Ich esse etwas Knäckebrot und schon geht es mir wieder besser. Die Wellen sind aber auch brutal! Die langen hohen sind erträglich, aber die Wellen mit den sich brechenden Schaumkämmen hämmern regelrecht auf das Boot ein, so dass man denkt, es bricht jeden Augenblick auseinander. Ich suche in der Seekarte eine geschützte Ankerbucht nahe der Stadt Kärdla für uns heraus. Ungefähr 5 Seemeilen zuvor kommen wir in den Landschutz von Estland und das Wasser wird ruhiger. Katja nutzt dies um uns ein Süppchen zu kochen. Wir ankern gegen 21:30 Uhr und sind heilfroh diese Etappe überstanden zu haben. Vor dem Schlafen gehen untersuchen wir noch das Bett. Es gibt kaum eine trockene Stelle die groß genug für uns beide ist. Also nehme ich den überwiegend nassen Teil des Bettes.

Tag 18 – Grundberührungen

Der Wind weht mit 17 Knoten aus Südwesten und unser Boot macht kleine „Freudensprünge" am Ankerplatz. Uns gefällt das beim Frühstück nicht so sehr. Als ich den Anker einhole wird mir wieder einmal bewusst, dass manche Leute zum Muskelaufbau in ein Fitnessstudio gehen. Denen empfehle ich einfach einmal 45 m Ankertau mit Blei- und Kettenvorlauf bei Windstärke 4-5 einzuholen. Der Vorwindkurs auf dem wir den Ankerplatz verlassen bringt Ruhe ins Boot. Wir haben uns dazu entschlossen, den geschützten Weg zwischen dem estnischen Festland und den vorgelagerten Inseln Hiumaa, Muhu und Saaremaa zu nehmen. Katja hat ja sogar die Idee, einen kurzen Abstecher nach Riga zu machen um in 3 Wochen 3 Hauptstädte zu erleben. Ich bin der Meinung, dass wir die Zeit für diesen Umweg bei den vorherrschenden Wetterbedingungen nicht haben.

Um eine halbe Seemeile abzukürzen, beschließe ich eine Untiefe zu passieren die uns laut Seekarte bei 1,9 m Wassertiefe keine Probleme bereiten sollte. Ich beobachte das Echolot: 0,9 m 0,8 m 0,7 m. Plötzlich kracht es und unser Ruderblatt klappt hoch. Die automatische Ruderfallklemme hat ihre Aufgabe erfüllt. Jetzt ist es wieder etwas tiefer, aber vor, neben und sogar hinter uns sehen wir Steine aus dem Wasser ragen. Ich habe uns geradewegs in eine Untiefe navigiert, die laut Seekarte viel tiefer angegeben ist. Wenn ich einfach vorher mal einen Blick auf das Wasser geworfen hätte, dann wären mir die Steine aufgefallen und wir wären nicht in diese gefährliche Lage geraten. Jetzt muss gehandelt werden! Wir sind mit achterlichem Wind in diese Untiefe gesegelt und können nur auf dem gleichen Weg wieder heraus fahren auf dem wir auch hinein sind – Das heißt für uns: Vorsegel einrollen, Motor herunter klappen und ganz langsam, mit den Augen die Wasseroberfläche absuchend, mit Motor wieder zurück fahren. Mit Hilfe des GPS finde ich den Rückweg ziemlich präzise wieder. Geschafft! Wir haben richtig Glück gehabt! Wir umsegeln diese Untiefe weiträumig und gehen anschließend wieder auf unseren Kurs. Wir sind froh, dass wir die Gefahr noch rechtzeitig erkannt und richtig gehandelt haben. Dieser navigatorische Fehler ist uns heute fast zum Verhängnis geworden, denn wir hätten auch schon bei der Einfahrt auf einen Stein laufen und dadurch unser Boot verlieren können...

Im Laufe des Nachmittages nimmt der Wind so stark zu, dass man den Kurs mit der Pinne kaum noch halten kann. Ich binde wieder das zweite Reff in das Großsegel ein. Gut, dass wir zwischen den Inseln segeln, denn dadurch sind die Wellenbewegungen nicht so unangenehm für uns. Ich kann mich nur wiederholen: Estland ist ein Geheimtipp für Menschen die Ruhe suchen und schöne einsame Strände fernab jeglicher Zivilisation bevorzugen.

Eine unserer heutigen Aufgaben an Bord ist das Trocknen des Bootsteppiches, der Schlafsäcke, der Kopfkissen und allen anderen Dingen, die bei der gestrigen Etappe nass geworden sind. Dazu sind heute ideale Wetterbedingungen: Windstärke 4 und strahlender Sonnenschein.

Zwischen der Insel Muhu und dem Festland lässt der Wind wieder nach. Wir nutzen das 24°C warme Meerwasser um uns auf den Netzen mit Hilfe der Pütz zu waschen. Katja bittet mich ihre Haare ganz langsam mit Wasser abzuspülen, doch das „langsam" habe ich wohl absichtlich überhört, denn ihr bereitet das Ganze nicht so viel Spaß wie mir...

Bald verlässt uns der Wind komplett und kommt nach ca. 20 Minuten von vorn wieder. Wir beginnen mit dem Kreuzen - aber nur für kurze Zeit, denn bei der Strecke die wir noch vor uns haben macht es keinen Sinn mit 1-2 Knoten an der Kreuz zu segeln. Leider vergeht so ein Tag nach dem anderen an dem wir uns der Heimat nicht besonders nähern. Die Südwestwinde verhindern dies. Wenn sich dann der Wind legt und wir mit Motor weiter fahren möchten, können wir diesen nicht benutzen, da uns nicht unbegrenzt Energie zur Verfügung steht und unser Stromerzeuger defekt ist. Es bleibt uns in solchen Situationen nichts anderes übrig als auf den Wind zu warten, denn Häfen mit Steckdosen zum nachladen unserer Bordakkus sind hier in Estland laut Seekarte einfach nicht zu finden. Wir müssen also unseren Energieverbrauch genau planen und überwachen.

Nach 18:00 Uhr weht der Wind wieder aus Südwesten - also direkt von vorn. Wir wären gern noch einige Seemeilen weiter gesegelt - bei guten Bedingungen sogar die Nacht hindurch. Doch wir beschließen, uns einen Ankerplatz in Ufernähe zu suchen, da wir heute nicht mehr motiviert genug sind um zu kreuzen. Ich vergrößere den Kartenausschnitt in der elektronischen Seekarte um zu sehen, wie der Ankergrund beschaffen ist. Dabei erkenne ich, dass hier Ankerverbot ist. Wir wenden um nun doch zur nächsten, etwa 6 Seemeilen entfernten, Bucht zu kreuzen. Laut unserer Seekarte befinden wir uns innerhalb der 4 m-Tiefenzone in einem steinfreien Bereich. Das Echolot zeigt auch über 4 m Tiefe an. Plötzlich kracht es. Wir haben einen Stein oder etwas anderes, was nicht in der Seekarte verzeichnet ist, mit dem Schwert berührt. Den Schaden kann ich zu diesem Zeitpunkt nicht abschätzen, aber ich bin mir sicher, dass ich das beschädigte Schwert mit etwas Epoxydharz und Gelcoat wieder reparieren kann. Wir ärgern uns sehr über diesen Zwischenfall, sind aber gleichzeitig froh, dass der Stein nicht noch größer war. Oder war es kein Stein? War es ein Wrack, welches noch nicht sehr lange hier liegt? Wieso sonst ist es nicht in der Seekarte verzeichnet?

Bis zu unserem Ankerplatz kreuzen wir noch bis 21:30 Uhr. Wir haben heute 57 Seemeilen zurückgelegt und sind glücklich endlich in unser wieder trockenes Bett zu können - eine Sache, die man erst zu schätzen weiß, wenn man in einem nassen Bett schlafen musste.

Tag 19 – Durch die Nacht

Heute habe ich keine Lust - absolut keine Lust zum Aufstehen. Gegen 8:00 Uhr holt mich dann doch der Duft frischer Brötchen aus dem Bett. Katja hat sie schon aufgebacken. Beim Essen bemerke ich, dass heute etwas anders ist. Der Wind - es ist der Wind. Wie in den letzten Tagen kommt er aus Richtung Süden, aber, und das ist das Besondere, er kommt etwas aus Südost. Katja trägt Süd-Südost in das Logbuch ein. Der Nachteil dieser Windrichtung: Gestern Abend haben wir uns in die Ankerbucht hinein gekreuzt. In der Nacht hat der Wind gedreht und jetzt müssen wieder aus der Bucht hinaus kreuzen. Der Tag beginnt also mit Südostwind, Sonnenschein und frischen Brötchen. Was will man mehr?

10:30 Uhr haben wir die Bucht verlassen und gehen auf direkten Kurs: 220 °. Es gibt heute keinen Zielpunkt - wir werden so lange segeln, wie der Wind aus dieser günstigen Richtung weht. Es ist immer wieder erstaunlich, wie schnell Land am Horizont auftaucht oder auch wieder den Blicken entschwindet. Man ist mit einem Segelboot doch vergleichsweise langsam unterwegs und trotzdem ist es beeindruckend, welche Entfernungen man in seinem Kielwasser hinter sich lässt. Unser Glück hält jedoch nicht lange an, denn Mittag weht der Wind schon wieder direkt aus Süden. Das ist aber auch noch ein guter Kompromiss. Wenn ich doch nur mal eine Wetterkarte zu sehen bekommen könnte! Ich finde es eine Frechheit, dass der Datenverkehr über das Mobiltelefon im Ausland so extrem teuer ist. In Deutschland ist dies für mich kostenlos, während ich zum Beispiel im April bei einem Aufenthalt in Mexiko nur meine E-Mails abgerufen habe und dafür 45 € entrichten musste. Es ist also nahezu unbezahlbar über diesen Weg Wetterdaten zu empfangen.

Gegen 15:00 Uhr dreht der Wind wieder auf Südost und geht auf 3 Beaufort zurück. So kann es bleiben! Zur Feier des Tages genieße ich Milch mit Haferflocken. Es ist wirklich schön, endlich mal wieder bei idealen Bedingungen zu Segeln: leichte Wellen, 6 Knoten Fahrt in die richtige Richtung und dazu Sonnenschein. Das Traumwetter eines jeden Fahrtenseglers. Ab und zu müssen wir der ein oder anderen Untiefe, einem Stein oder einer Sandbank ausweichen. Das ist aber kein Problem solange diese in der Seekarte eingezeichnet sind. Der Wind behält weiterhin seine Richtung bei. Voller Zuversicht suchen wir uns schon einen Hafen mit Stromanschluss auf Gotland in 150 Seemeilen Entfernung aus. Leider verschwindet der Wind kurz nach 19:00 Uhr. Wir erreichen gerade noch die ausgetonnte Untiefe Veiserahu um dort vor Anker zu gehen.

Seit dem letzten Ladevorgang in Hanko habe ich nur den Akku angeschlossen, von dem ich vermute, dass er defekt ist, um zu testen wie hoch seine Energieausbeute tatsächlich ist. Nach ca. 41 Ah schaltet der verdächtige Akku ab. Wir haben statt der 90 Ah nur 41 Ah entnommen. Jeder billige Bleiakku ist besser! Auf dem Display dieses Akkus werden noch 67 Ah Restkapazität angezeigt. Nicht einmal die Anzeige arbeitet richtig! Der Defekt des Akkus ist höchstwahrscheinlich die Ursache dafür, dass wir schon mehrfach unerwartet Stromausfall hatten und dadurch in unangenehme Situationen geraten sind. Jetzt werden wir den wahrscheinlich funktionierenden Akku testen.

Zehn Minuten nachdem wir ins Bett gegangen sind, kommt wieder Wind auf - ein guter Wind aus Süden. Ich stehe sofort wieder auf, ziehe mich an und setze die Segel. Wir rauschen mit 7 Knoten in die Nacht. Die Sonne ist bereits untergegangen. Katja legt sich wieder hin, damit sie mich nach der Morgendämmerung ausgeschlafen ablösen kann. Wir haben bereits 910 Seemeilen auf der Logge und noch viele Seemeilen vor uns. Es ist der weiteste Törn den wir je gesegelt sind.

Tag 20 - Durchhalten

Um 0:00 Uhr gehen wir durch die Irbe Strait. Damit verlassen wir den Golf von Riga und fahren wieder in die Ostsee ein. Die Landmassen sehen auf der Seekarte etwas wie die Straße von Gibraltar aus. Die hohen Temperaturen passen auch dazu - nur der Schiffsverkehr ist bei weitem nicht so hoch frequentiert wie an der Meerenge mit dem Affenfelsen. Auch wenn es sich nicht um Gibraltar handelt, ist es dennoch ein tolles Erlebnis. In den letzten Tagen haben wir kaum ein Schiff gesehen - hier fahren sie in Reih und Glied um sich dann wieder zu verlieren. Nachdem wir die Irbe Strait passiert haben, nimmt der Wind bis auf 20 Knoten zu. Die Wellen halten sich aber noch in Grenzen. Ich sitze gespannt da und warte auf die Wellen, die uns zur Umkehr zwingen oder die Fahrt unerträglich machen würden.

3:35 Uhr löst mich Katja ab und ich gehe schlafen. Durch Katjas Rufe werde ich wieder geweckt. Ich springe sofort auf und eile an Deck. Es ist 6:15 Uhr und der Windmesser zeigt jetzt 24 Knoten - Zeit zum Reffen. Katja bedient die Pinne und ich mache auf dem Vordeck gleich das zweite Reff in das Großsegel. Das erste hätte auch gereicht, aber ich habe keine Lust in 10 Minuten wieder nach vorn zu klettern und das zweite Reff einzubinden. Nachdem ich wieder im Cockpit bin, muss ich erst einmal richtig wach werden. Die Sonne scheint und der Wind hat wieder etwas auf Südwest gedreht, sodass unser Ziel nicht mehr direkt ansteuerbar ist. Aber das ist nicht weiter tragisch, denn wir hatten vor, zum südlichsten Hafen an der Ostküste Gotlands zu segeln. Nun steuern wir eben einen nördlicheren Hafen an. Die von mir erwarteten Wellen sind bis jetzt noch nicht bei uns angekommen. Natürlich sind sie höher als im Golf von Riga, aber noch nicht unangenehm.

Jetzt ist Katja wieder mit dem Schlafen an der Reihe. Sie kommt aber schon nach 1,5 Stunden zurück an Deck, damit ich noch einmal etwas ruhen kann. 9:15 Uhr werde ich von einer Wasserfontaine, die bis in die Koje reicht, geweckt. Ich stürze hinaus. Jetzt ist es so weit: die von mir erwarteten Wellen sind da! Die Ostsee heißt uns wieder Willkommen. Die Segelfläche haben wir ja bereits verkleinert. Ich schließe (leider zu spät) das Hubdach, denn die erste Welle hat ja schon den Weg in das Bootsinnere gefunden. Als nächstes sehe ich nach, ob die Vordecksluke wieder undicht ist. Selbstverständlich ist sie es! Diesmal kann ich aber die Stelle, durch die das Wasser eindringt, genau lokalisieren. Ein dünner Strahl zeigt mir bei jeder Welle an, wo sich die undichte Stelle befindet. Einer der beiden Hebel zum Schließen der Luke hat etwas Spiel. Ich nehme einen Schraubendreher und ziehe die Schraube am Lukengriff nach. Damit habe ich das Boot endlich abgedichtet. Katja sucht sich unter Deck eine trockene Stelle zum schlafen und ich halte mich unter dem Verdeck auf, welches durch 30 Knoten Wind straff gespannt ist und davon zu fliegen droht. Die l'espoir tri jagt mit 8-10 Knoten hart am Wind dahin. Jede Welle ergießt sich über das gesamte Boot. In manche Wellen krachen wir so hart, dass es regelrecht scheppert. Ich habe Angst, dass irgendetwas an Bord den Belastungen nicht stand hält und gehe in Gedanken alle sicherheitsrelevanten Bauteile durch. Oft ist aber die Besatzung das schwächste Glied der Kette und ich denke, dass dies auch in diesem Fall so ist. Ich atme jedesmal auf, wenn der Windmesser unter 25 Knoten anzeigt. Nach einer Stunde bleibt er sogar dauerhaft unter diesem Wert und gegen 12:30 Uhr hält er sich sogar bei 20 Knoten, die sich schon fast wie Flaute anfühlen. Das Sicherheitsbedürfnis tritt dadurch erst einmal wieder in den Hintergrund und wir können uns dem Mittagessen zuwenden. Inzwischen ist mir schon ganz schlecht. Ich muss unbedingt etwas essen. Es ist wichtig, bei starkem Seegang den Magen immer etwas zu beschäftigen. Nach dem Essen lege ich mich wieder hin und Katja übernimmt die Wache. Sie hält heute tapfer durch - vielleicht sogar besser als ich, denn ihr wurde nicht schlecht.

Unter Deck beobachte ich, statt zu schlafen, wie sich das Boot in den Wellen verzieht. Dies kann ich deutlich am Monitor erkennen. Die Monitorhalterung ist an den Schrauben befestigt, an denen von außen die Beams verbolzt sind. Dadurch bewegt sich der Monitor in den Wellen mit. Je nach Welle sind das ca. 2-3 cm – bei solchen Beobachtungen muss ich mir einfach Sorgen machen...

Ich finde schließlich doch 2 Stunden Schlaf. Bei der darauf folgenden Wachablösung stelle ich fest, dass der Wind bereits auf 19 Knoten zurückgegangen ist. An Bord ist es jetzt schon fast so gemütlich wie bei einer Kaffeefahrt.

Das GPS zeigt noch 40 Seemeilen bis zu unserem Zielhafen. Diesen werden wir aber aufgrund der leichten Drehung des Windes nicht mehr erreichen. Sollen wir kreuzen und dadurch erst in der dunklen Nacht in den Hafen einlaufen? Das möchten wir auf keinen Fall. Wir entscheiden uns für einen neuen Hafen, der etwas nördlicher liegt, 10 Seemeilen näher und auch bequem ansteuerbar ist: Ronehamn.

Unser Beiboot liegt fest verzurrt und zugleich bedauernswert ohne Luft auf dem Steuerbordnetz. Inzwischen sind sogar beide Kammern des rechten Schwimmers luftlos. Die Verklebungen haben sich gelöst. Bei dem anderen Schwimmer ist das Lösen der Klebestellen auch schon erkennbar. Damit ist unser Beiboot Geschichte. Ich werde wohl nach dem Urlaub auf eine schlauchlose Variante zurückgreifen. Ein Festrumpfboot muss her! Auf Monohulls ist ein zusammenlegbares Boot aufgrund der geringen Decksfläche weitaus praktischer. Bei einem Trimaran kann man das Beiboot bequem auf eines der beiden Netze legen. Der Transport über Land ist auf dem Autodach auch kein Problem. Ein weiterer Vorteil ist, dass man die Zeit, die man für das Zusammenbauen, Aufpumpen und nach dem Urlaub wieder Verstauen spart. Also gibt es keinen Grund mehr für uns ein aufblasbares Beiboot zu besitzen.

Mir fällt auf, dass sich der Himmel verändert hat. Sowohl die Wolken, als auch die auf dem Barometer angezeigte Luftdruckdifferenz deuten auf eine Änderung der Wetterlage hin. Wir hoffen, dass diese auch eine Winddrehung mit sich bringt, denn der Wind weht schon wieder aus Südwesten. 19:30 Uhr sind es noch 7 Seemeilen bis zum Hafen. Ich werfe einen Blick auf die Logge und bin erstaunt: Wir sind bis jetzt 1040 Seemeilen in weniger als 3 Wochen gesegelt.

Unser Etmal der letzten 24 Stunden beträgt 144 Seemeilen. Für einen Trimaran ist das nicht unbedingt ein zufriedenstellender Wert. Ich bin jedoch der Meinung, das es für 2 Urlaubssegler die auf Sicherheit gegen Wind und Welle segeln ein guter Wert ist. Als Etmal wird die in 24h gesegelte Strecke bezeichnet.

Der Wind dreht weiter auf West und lässt an Stärke nicht nach. Wir beginnen 20:30 Uhr mit dem Kreuzen gegen 20 Knoten Wind um zum Hafen zu kommen. In unserem Boot sieht es chaotisch aus und alles ist nass. Die ganzen Anstrengungen der letzten Tage haben wir nur auf uns genommen, um pünktlich nach Urlaubsende wieder bei unseren Arbeitgebern zu sein. Ohne diesen Termindruck hätten wir uns mehr Zeit lassen, auf besseres Wetter warten und sogar noch zusätzliche Landgänge machen können. Wir haben keine Wahl - wir müssen segeln, egal wie das Wetter ist oder wird.

21:30 Uhr hat sich der Wind endlich auf 10 Knoten gelegt. Oder wird der Wind nur durch die Insel Gotland abgehalten? Es verbleiben noch 2 Seemeilen bis zu unserem Hafen. Wir wagen es ab jetzt langsam mit Motor weiter zu fahren. Wenn wir genau wüssten, ob unser derzeit an das Bordnetz angeschlossener Akku wirklich funktioniert, wären wir schon lange im Hafen. Doch momentan ist unsere Situation eher ungewiss und wir möchten, das Risiko wieder kurz vor dem Hafen stehen zu bleiben, nicht eingehen. Ein funktionstüchtiger Stromerzeuger würde uns jetzt ein beruhigendes Gefühl geben. Die Akkus und das Aggregat sind unsere diesjährige Geißel. In den Jahren zuvor hatten wir immer wieder Motorprobleme - diese sind gelöst, dafür gibt es Neue. Wäre ich doch bei meinen Bleibatterien geblieben! Die neuen Lithium-Akkus mit der hohen Energiedichte und dem damit viel geringeren Gewicht, waren einfach zu verlockend und bereiten jetzt leider großen Ärger.

Wir erreichen den Hafen. Nach dem Anlegemanöver schalte ich unsere Heizung ein, um dadurch den Akku komplett zu entladen und um zu prüfen, ob dieser in Ordnung ist. Der Akku schaltet bei 20 Ah Restkapazität komplett ab. Das ist keineswegs zufriedenstellend. Mit diesen 20 Ah könnten wir eine Stunde lang mit Motor fahren oder 4 Tage segeln!

Der Ärger darüber ist schnell vergessen, denn ein neues Problem stellt sich ein: Die Toilettenanlage ist verstopft. Das ist zu viel für heute! Ich schalte das Zweiwegeventil auf direkte Entleerung nach außenbords um. In dieser Stellung funktioniert die Toilettenanlage. Also liegt die Verstopfung am Eingang zum Fäkalientank. Eine Herausforderung für den kommenden Tag!

Tag 21 – Der Blumentopf

Gegen 9:00 Uhr verlassen wir die Koje. Mit meiner gestrigen Wetterprognose habe ich tatsächlich recht behalten: Es regnet und der Wind scheint sogar aus Norden zu kommen. Diese für uns sehr günstige Windrichtung können wir jedoch nicht nutzen, denn wir haben erst einmal ein anderes Problem zu lösen. Noch vor dem Frühstück gehen wir an Land, um eine Einkaufsmöglichkeit ausfindig zu machen. Nach längerem Suchen finden wir auch endlich ein kleines Geschäft. Hier kaufen wir Brot, Margarine und einen Kunststoff-Blumentopf. Ich benötige diesen als Gefäß zum Auffangen der Flüssigkeit, die zwangsläufig entweicht, wenn ich den Schlauch vom Fäkalientank löse. Der Blumentopf ist allerdings nicht zu verkaufen, denn er ist alt, staubig und dient als Aufbewahrungsmöglichkeit für Besenstiele. Das ist mir in diesem Augenblick egal! Ich nehme die Besenstiele aus dem Topf, lehne sie an die Wand und nehme den Blumentopf mit. An der Kasse lege ich ihn einfach mit auf das Band. Die Verkäuferin ignoriert ihn. Als ich sie darauf aufmerksam mache, dass wir den Blumentopf bezahlen möchten, lacht sie und rechnet noch einen Betrag manuell auf dem Kassenbeleg zu der ausgedruckten Summe hinzu. Sicher ein Trinkgeld. Sie deutet auf den Blumentopf und lacht erneut. Wir lachen mit und freuen uns über unseren Einkauf. Als Katja später den Kassenbeleg kontrolliert, stellt sie fest, dass die handgeschriebenen Angaben auf dem Kassenzettel nichts mit unserem Blumentopf zu tun haben. Die Verkäuferin hat vor lauter Staunen über unser Interesse an dem alten staubigen Gefäß vergessen, die Margarine mit abzurechnen. Wir haben also den Blumentopf kostenlos bekommen. Zurück an Bord mache ich mich an die Arbeit. Zuerst schneide ich den Blumentopf so passend, dass ich eine Schale zum Auffangen der unangenehmen Flüssigkeit erhalte. Anschließend krieche ich mit einem Stock, einem Schraubenschlüssel und meiner Schale unter die Plicht zum Fäkalientank. Dort löse ich die Schelle von dem Schlauch, in dem ich die Verstopfung vermute und ziehe ihn ab. Der Eingang zum Tank ist regelrecht zugesetzt. Die Ursache ist für mich sofort klar: wir spülen zu wenig! Ich befreie den Eingang des Tanks mit Hilfe des Stockes und der jetzt ausfließende Tankinhalt landet in der Schüssel. Ich muss mich beeilen, denn wenn ich den Schlauch nicht wieder auf dem Tankanschlussstutzen habe, bevor die Schüssel voll ist... Gut gegangen! Ich krieche rückwärts, mit den Ellenbogen aufgestützt, die Schüssel in der Hand, die sich dadurch nur ca. 5-10 cm vor meinem Gesicht befindet, wieder unter der Plicht hervor. Was für eine unangenehme Aufgabe! Doch auch diese haben wir gelöst - unsere Toilettenanlage funktioniert wieder. Ab sofort gilt: Nach jedem Toilettengang mindestens 10 mal spülen!

Jetzt wird es endlich Zeit für das Frühstück. Da die Milch sauer ist, schütte ich sie ins Wasser. Dann öffne ich den nächsten Tetra-Pak, aber auch dieser ist ungenießbar. So öffne ich nach und nach eine Milchpackung nach der anderen, um sie dann ins Wasser zu gießen. Der gesamte Milchvorrat im Steuerbordschwimmer ist sauer. Sie riecht und schmeckt wie alles andere, was wir in diesem Schwimmer lagern, nach Benzin. Die Ursache dafür ist der defekte Stromerzeuger! Ich lasse ihn sonst immer laufen bis der Vergaser leer ist und verstaue ihn erst dann im Schwimmer. Leider ist er ja nicht mehr funktionstüchtig und deshalb noch halb voll getankt. Es fällt uns schwer zu glauben, dass dieser Geruch durch die Trennwand in den Schwimmern und dann noch durch die Milchpackungen zieht.

Um 12:15 Uhr verlassen wir im strömenden Regen den Hafen. Die Ausfahrt ist aufgrund von Felsen und unzähligen Untiefen auf den ersten sieben Seemeilen ausgetonnt und erfordert dadurch etwas mehr Konzentration. Draußen empfangen uns 20 Knoten Wind, die wir im windstillen Hafen nie erwartet hätten. Dadurch das wir ihn aber nicht von vorn haben, stört uns diese Windstärke absolut nicht. Auch der Regen macht uns nichts aus. Wir sitzen ja schön trocken unter unserem Verdeck. Kurz vor der Südspitze Gotlands verkleinere ich wieder unser Großsegel auf das zweite Reff. Ich erwarte, dass der Wind auf offener See noch zunimmt. Das Reff tut unserer Geschwindigkeit keinen Abbruch - Im Gegenteil! Der Wind weht hier draußen wirklich stärker und wir erreichen trotz gerefftem

78

Groß im Durchschnitt 9-10 Knoten und Spitzen von 13-14 Knoten. Bis jetzt ist es reinstes Genuss-Segeln - fast wie im Passatwind, nur nicht so warm und so trocken, denn heute regnet es ständig. 16:00 Uhr lassen wir die Insel Gotland hinter uns und steuern auf die Insel Öland zu. An unserer Backbordseite tauchen 4 Schiffe auf, die bei den schlechten Sichtverhältnissen kaum zu erkennen sind, aber dafür umso deutlicher auf unserem Kartenplotter durch das AIS-Signal erscheinen. AIS ist ein System, welches ähnlich dem Radar der Navigationsunterstützung dient, jedoch mit dem Unterschied, dass beim AIS-Radar nur Fahrzeuge gesehen werden, die ein Signal versenden. Man muss sich das so vorstellen: Schiff A sendet je nach Verkehrslage ein Signal mit seiner Position, Geschwindigkeit, Kurs und dem Schiffsnamen. Andere Schiffe empfangen dieses Signal und der AIS-Empfänger stellt dieses Schiff auf dem Display genau auf der übermittelten Position in der elektronischen Seekarte dar. Somit gehen auf allen Schiffen Informationen über Schiffe im Umkreis des Sendebereiches ein. Besonders nachts oder bei schlechten Sichtverhältnissen erleichtert dieses System die Navigation erheblich.

Wie fast immer am späten Nachmittag nimmt der Wind an Stärke zu und erreicht 30 Knoten. Uns hat es also wieder erwischt, bei Flaute los gesegelt, finden wir uns schon bald auf offener See inmitten von hohen Wellen und starken Winden wieder. Dadurch das der Wind noch leicht achterlich kommt, sind die Bootsbewegungen vom Empfinden her für mich noch nicht unangenehm - im Gegenteil: ich finde es erstaunlich, welche Kräfte hier wirken. In jeder Talfahrt fängt der Tri an zu zittern und beschleunigt so stark, dass man es deutlich spüren kann. Der Wasserkontakt des Bootes nimmt dann immer enorm ab und das Rauschen der Wellen verstummt in einem leisen Surren. Kurz darauf wird die rasante Fahrt durch die nächste Welle abgebremst und es geht wieder von vorn los. Katja hat weniger Freude daran. Sie versucht gegen ihre Übelkeit anzukämpfen und legt sich hin. Ich bin einerseits fasziniert und andererseits habe ich auch Angst davor, dass etwas am Boot kaputt geht oder bricht. Was dann?

Es ziehen immer dunklere Wolken auf. Werden diese auch noch mehr Wind mit sich bringen?

Es dauert nicht lange, bis wir das Boot mit voll gerefftem Großsegel nicht mehr beherrschen können. Katja muss uns in den Wind drehen und ich gehe vor, um unser Großsegel komplett zu bergen. Keine leichte Aufgabe bei diesem Wetter! Nur mit Vorsegel rasen wir weiter dem Wind davon oder etwa immer mit ihm? Es ist jetzt schon fast ein Ablaufen vor dem Wind. Wir erreichen nur mit Vorsegel Spitzengeschwindigkeiten von 10 Knoten. Der Windmesser zeigt 35 Knoten. Katja zittert vor Angst... Ich finde es heute trotz allem noch erträglich. Das Anstampfen gegen den Wind am Vortag, hat mich deutlich mehr mitgenommen. Ich hoffe für Katja, dass sich der Wind zum Abend etwas legt und lächle und bin froh, denn es könnte ja schlimmer kommen, und - es kommt schlimmer in Form einer riesigen Welle. Obwohl der Begriff „riesige" Welle mit Sicherheit übertrieben ist, denn sie ist sicher nicht viel höher als die anderen Wellen, aber sie kommt so ungünstig von der Seite und schmettert uns regelrecht von sich. Ich stürze von meinem Sitz auf der Backbordseite auf die Backskiste an Steuerbord und habe nur noch einen Gedanken: Jetzt kentern wir...

Wir kentern aber nicht. Ich werde wieder zurück auf meinen Sitz geschleudert. Der Tri richtet sich blitzschnell wieder auf und rast auf seinen drei „Beinen" weiter als wäre nichts passiert. Ich schaue mich um. In der Kajüte herrscht das Chaos. Nichts befindet sich mehr an seinem Platz. Katja sieht ganz verstört aus und zittert am ganzen Körper. Ich tröste sie. Jetzt habe auch ich kein gutes Gefühl mehr. Katja besteht darauf, dass wir unsere Rettungswesten anziehen. Ich tue ihr den Gefallen gern. Wir picken uns mit den Lifelines gegenseitig ein und das andere Ende befestigen wir am Traveller. Jetzt fühlt sie sich sicherer und ich mich verunsichert. Die Weste gibt mir irgendwie ein „Gefühl von Seenotfall" und das behagt mir gar nicht. Es ist schon erstaunlich, welche Gefühle Wellen in einem Menschen hervorrufen können.

Die wilde Fahrt geht immer weiter. Auf dem Windmesser stehen Spitzenwerte von 36 Knoten. Die schnellste Bootsgeschwindigkeit, welche ich am GPS ablese, sind 16,8 Knoten in einem langen Ritt, der über eine Minute anhält. Mir graut vor der Nacht, denn jetzt kann man die Wellen noch sehen - aber dann? Wir haben keine Chance, uns irgendwo in Sicherheit zu bringen. An Ölands Ostküste gibt es keinen Hafen, der uns Schutz bieten kann. Der günstigste Weg ist unser bereits gewähltes Ziel: Die Schären vor Karlskrona.

Durch die starke Bewölkung wird es zeitig dunkel und die wilde Fahrt geht weiter durch die Nacht. Es fühlt sich an, wie wenn man in einer Achterbahn ohne Fenster und Türen eingesperrt ist - und das für viele Stunden. Abwechslung bringen die Schiffe, denen wir begegnen. Diese Nacht ist nicht nur dunkel, sondern auch kalt. Es ist nichts mehr zu spüren von der Wärme der letzten Tage.

Um uns abzulenken, unterhalten wir uns und lachen über Dinge, die ich diesen Urlaub gekauft habe: einen Nuckel (als Abdeckung für einen Kugelkopf am Motor) oder ein Edelstahlschild auf dem auf schwedisch steht „Bitte keine Reklame einwerfen" (als Unterlage für den Fuß der AIS Antenne) und heute, der Blumentopf.

Tag 22 – In den Schären

Gegen 1:00 Uhr lässt endlich der Wind etwas nach und erreicht „nur" noch 20-22 Knoten. Unsere Anspannung legt sich etwas. Um 3:00 Uhr umsegeln wir die Südspitze der Insel Öland. Hier müssen wir ausreichend Abstand halten, denn die vorgelagerte Sandbank Ölandsrev kann auch für uns gefährlich werden, obwohl unser Trimaran nur sehr wenig Tiefgang hat. Langsam nimmt mich die Kälte richtig ein. Ich bewege mich etwas, um warm zu werden. Auch die Füße sind eiskalt und nass, obwohl ich wasserdichte Stiefel trage. Die Stiefel sollten mal wieder imprägniert werden, doch das Imprägnierspray steht zu Hause im Wohnzimmerschrank. Auch daran haben wir bei unseren Reisevorbereitungen in diesem Jahr nicht gedacht.

Nachdem wir den Wind- und Wellenschutz der Insel Öland wieder verlassen und den Sund queren, legt der Wind noch einmal richtig los. Es ist bereits hell geworden und man kann die Wellen die auf uns zukommen endlich wieder sehen. Nun gießt es auch noch in Strömen. Der Wind erreicht wieder die 30 Knoten-Marke und die Wellen, welche aus dem Sund auf uns zu rollen sind gewaltig. Etwa 7 Seemeilen vor den rettenden Schären dreht der Wind auf Nordwest und kommt damit von vorn. Uns bleibt wirklich nichts erspart. Ich knalle die Fock richtig dicht und gehe extrem an den Wind, der hier in Landnähe nur noch 18 Knoten erreicht. Wir schaffen, mit der gesegelten Höhe, gerade noch im Ansteuerungsfahrwasser der Schären zu segeln - aber nur mit 3-4 Knoten, die jedoch ausreichen. Je weiter wir uns dem Land nähern, desto mehr luvt der Wind an. So kurz vor der Einfahrt in die schützenden Schären möchten wir auf keinen Fall eine Wende fahren. Wir wollen unbedingt durch das schmale Fahrwasser in die Schären einfahren und versuchen immer mehr Höhe zu segeln. Doch plötzlich kommt es zum Strömungsabriss am Vorsegel. Wir haben es übertrieben und treiben jetzt schlagartig auf die Steine zu. Ich klappe blitzschnell den Motor herunter, gebe Vollgas und sehe, wie wir uns, von den nur noch 5 Meter hinter unserem Heck liegenden Steinen, entfernen.

Auf einmal ruckt es kurz und der Motor steht still! Was ist passiert? Ein Seil hat sich um den Propeller gewickelt. Jetzt muss alles ganz schnell gehen, denn die Felsen kommen wieder bedrohlich nah. Ich schreie Katja zu, sie soll versuchen, uns hier heraus zu segeln. Sie ruft etwas von einer grünen Fahrwassertonne, aber ich habe keine Zeit auf irgendetwas um mich herum zu achten. Selbst wenn wir eine Tonne rammen, wäre dies nicht so schlimm, wie wenn wir auf die Schären treiben. Ich blende alles um mich herum aus, klappe den Motor wieder hoch und wickle so schnell ich kann das Seil aus dem Propeller heraus. Das alles geschieht wie in Zeitlupe: ein Blick auf die Felsen - zum greifen nah - Motor runter und Vollgas...

Wir sind den gefährlichen Steinen, auf die uns der Wind mit einem Wahnsinnstempo zutreibt, erneut entkommen. Katja holt das Vorsegel ein und wir fahren endlich gegen den Wind in das vermeintlich ruhigere Gewässer. Wir werden aber immer langsamer und der Stromverbrauch des Motors nimmt extrem zu. Hat das Seil den Motor beschädigt? Schließlich wurde er durch das Seil bei höchster Drehzahl abrupt abgestoppt. Wir sehen nur noch eine Chance im Ankern. Ich gehe auf das Vordeck und werfe den Anker. Das Boot treibt mit ungeheurem Tempo nach Lee und ich hoffe, dass der Anker greift. Natürlich dauert es eine Weile bis die 45 m Ankerseil straff kommen. Ich stehe erwartungsvoll auf dem Vordeck. Das Seil wird kurz straff, gibt aber dann wieder nach - ein deutliches Anzeichen dafür, dass der Anker nicht hält. Wir rasen weiter mit slippendem Anker Richtung flaches Wasser. Noch ist ausreichend Abstand zu dieser Untiefe. Was jetzt? Das sicherste wäre, den gesamten Weg wieder hinaus zu segeln, um die Schären zu verlassen. Allerdings liegt der schützende Hafen Torhamn bereits zum Greifen nah und etwa nur noch eine halbe Seemeile entfernt.

Zunächst muss der Anker wieder aufgeholt werden. Ich ziehe am Ankerseil, während das Boot immer schneller abtreibt. Auf einmal höre ich ein anderes Boot. Ein Fischer kommt mit einem kleinen Boot im strömenden Regen auf uns zu gefahren. Ich rufe und winke ihm mit ausgestreckten Armen zu. Ob er uns helfen kann? Als er in Hörweite ist, zeige ich auf den Hafen. Er hat mich verstanden und nickt. Jetzt versucht er unser Ankerseil mit seinem Bootshaken zu greifen. Nach einigen Augenblicken, die mir endlos erscheinen, hat er es und hievt unseren Anker zu sich ins Boot. Dort befestigt er ihn und fährt mit Vollgas Richtung Hafen. Er kommt aber mit uns im Schlepp nicht gegen den Wind an. Ich versuche ihn mit unserem Motor zu unterstützen, indem ich nur so viel Schubleistung gebe wie erforderlich ist, damit wir uns allmählich in Bewegung setzen. Während er in seinem kleinen Boot sitzt und versucht mit uns im Schlepp bei Vollgas vorwärts zu kommen, telefoniert er. Ich vermute, dass er jemanden mit einem größeren Boot anruft. So war es auch, denn bald verlässt ein Boot den Hafen und kommt uns entgegen. Diese Hilfe ist aber nicht mehr erforderlich, da wir mit beiden Motoren 2 Knoten Fahrt gegen die nur noch 15 Knoten Wind von vorn machen. Überraschenderweise läuft unser Motor jetzt auch wieder sparsamer und bringt Schub wie gewohnt. Ich kann mir die Ursache nicht erklären. Wir sind jedenfalls froh geschleppt zu werden.

Im Hafen fährt er hinter den Anleger für Fahrgastschiffe, sodass er uns von hinten an den Steg ziehen kann. Er weiß ja nicht, dass wir etwas manövrierfähig sind. Katja macht die Bugleine an Land fest und ich drücke das Heck mit Hilfe des Motors heran. Es geht so, als wäre nie etwas mit unserem Motor gewesen. Wir haben es geschafft! Mir purzeln gleich mehrere Steine vom Herzen.

Nachdem ich das Boot befestigt habe, kommt der Fischer und möchte 200 Kronen für seine Hilfe haben. Diesen „Lohn" geben wir ihm gern, denn ich weiß nicht, wo wir jetzt ohne ihn wären. Er fragt mich, woher wir kommen. Ich erkläre ihm, dass wir direkt von Gotland hierher gesegelt sind. Er fragt noch 2 Mal nach, ob ich wirklich Gotland meine. Dann schüttelt er nur noch mit dem Kopf. Wie recht er doch hat! So eine Strecke bei diesem Wetter mit so einem kleinen Boot zu segeln, ist schon ziemlich irre!

Aber was ich jetzt sehe, ist noch unglaublicher: Ich klappe den Motor hoch und sehe jede Menge Kraut im Propeller - soll das Kraut die Ursache für die Motorprobleme gewesen sein? Ich entferne es und schalte den Motor kurz ein. Er macht einen guten Eindruck.

Wir gehen erst einmal ins Bett und schlafen, total übermüdet und durchgefroren, ein. Ständig werden wir vom Pfeifen und Rütteln des Windes geweckt. Dazu gießt es wie aus Kannen. Mir geht der Motor nicht aus dem Kopf. Haben wir uns tatsächlich wegen Kraut im Propeller schleppen lassen? Wenn das der Grund war, dann sind sicherlich die Stresssituationen der letzten Tage und Stunden Schuld daran, dass ich nicht in der Lage war, die Ursache für die Motorprobleme zu erkennen. Wir waren einfach zu geschafft, um noch klar denken zu können. Wie oft hatte ich schon Pflanzen im Propeller und habe es sofort erkannt?! Aber bei den Motoren, die bisher unsere Boote antrieben, zeigte sich die Verkrautung durch Schlagen des Propellers.

Wir schlafen sehr unruhig, denn alles ist nass und kalt. Dazu der anhaltende Sturm, der ein Fall in der Takelage klappern lässt und der anhaltende Regen... Ich möchte endlich den Motor ausprobieren, um mich zu vergewissern, dass er tatsächlich in Ordnung ist. Nachmittag stehen wir auf und kochen uns erst einmal eine Suppe. Wenn wir doch nur an einem Gastliegeplatz mit Steckdose, statt am Anleger für Fährschiffe liegen würden, dann könnten wir heizen und gleichzeitig die Akkus nachladen. Die Gastliegeplätze sind aber alle belegt. Wir müssen uns wohl gedulden und abwarten. Der Tag vergeht, ohne dass sich etwas an der Situation im Hafen oder am Wetter ändert. Sturm und Dauerregen sperren uns im Boot ein. Wir haben Angst, Ärger zu bekommen, denn schließlich belegen wir den Steg, an dem ein großes Anlegeverbotsschild befestigt ist. Abends befestige ich uns noch mit einem zusätzlichen Festmacher, denn der Wind zerrt immer stärker am Boot und erreicht selbst hier im geschützten Hafen über 30 Knoten.

Tag 23 – 44 Knoten Wind

Wir wachen auf und stellen fest, dass sich das Wetter nicht geändert hat: 13°C Lufttemperatur, dazu starker Wind und Regen. Wir haben in der Nacht eine SMS mit den Wetteronline-Daten für unser Fahrtgebiet von Katjas Bruder erhalten. Diese lautet wie folgt: heute NW 3-4, morgen SW 2-3. Ich überlege kurz, ob wir heute oder morgen weiter segeln. Diese Entscheidung möchte ich im Moment noch nicht treffen. Ich gehe hinaus, um den Motor zu überprüfen. Die Ursache für unser Problem mit dem Motor waren tatsächlich nur die Pflanzen im Propeller. Wir sind froh, dass der Motor nicht defekt ist, doch ärgern uns gleichzeitig sehr, weil wir uns wegen eines verkrauteten Propellers schleppen ließen und die Ursache für unser Motorproblem nicht gleich erkannt haben.

Aus den folgenden Gründen entscheide ich mich schließlich für die sofortige Abfahrt: Bei diesem Wetter wird sicher niemand den Hafen verlassen. Somit haben wir keine Möglichkeit, unseren Liegeplatz gegen einen anderen mit Stromanschluss zu tauschen. Weiterhin müssen wir Richtung Südwesten segeln und das ist heute laut Wetterbericht problemlos möglich. Bei der für morgen gemeldeten Windrichtung können wir unser Ziel nur durch kreuzen erreichen. Die noch in unseren Akkus gespeicherte Energie reicht für einen weiteren Segeltag und zwei Hafenmanöver aus. Liegen wir jedoch noch einen Tag hier fest, kann es sein, dass wir mit der verbleibenden Batteriekapazität nicht mehr auskommen. Ein weiterer Grund zur Abfahrt ist, dass wir den Steg der Berufsschifffahrt unbedingt verlassen möchten, bevor dies noch kostspielige Konsequenzen für uns hat. Mein Vorschlag ist, dass wir die Hänöbucht nicht überqueren, sondern in diese einlaufen und nur bis zur Insel Hanö oder nach Ahus segeln. In der Bucht ist es sicher ruhiger, als wenn wir diese queren.

Katja stimmt mir nach diesen Argumenten zögerlich zu. Wir machen uns und unser Boot bereit zum Ablegen. Der Windmesser zeigt 15 Knoten aus Norden. Das stimmt mit der Wettervorhersage überein und bekräftigt uns in unserem Vorhaben. Durch die vielen Boote und dem Seitenwind im Hafen haben wir Bedenken, dass wir in der engen Ausfahrt ein anderes Boot berühren könnten. Um dies zu vermeiden, richten wir mit Hilfe der Festmacher unser Boot so aus, dass es in Richtung Hafenausfahrt steht und wir nur noch die Seile lösen und los fahren müssen.

Ich gebe Schub und stelle fest, dass der Motor wirklich wieder einwandfrei funktioniert. Meine Zweifel sind durch diesen Praxistest endgültig verschwunden. Wir beschleunigen innerhalb weniger Sekunden auf über 5 Knoten. Als wir den Hafen verlassen haben, drehe ich uns sofort in den Wind um die Segel zu setzen und keinen unnötigen Strom zu verschwenden. Das Großsegel setzen wir sicherheitshalber mit dem zweiten Reff. Wir kreuzen uns aus dem Schärengarten. Kreuzen! Die gemeldete und im Hafen auch festgestellte Windrichtung stimmt hier nicht mehr. Nachdem wir die Schären verlassen haben, empfängt uns die Ostsee mit einer rauen aber noch erträglichen Welle. Leider kommt der Wind aus Westen und erreicht bereits 20 Knoten. Wir müssen unser Vorhaben, Hanö oder Ahus anzusteuern, aufgeben. Diese Ziele können wir bei der jetzigen Windrichtung nur kreuzend erreichen. Das wollen wir auf keinen Fall. Also entscheiden wir uns für das 55 Seemeilen entfernte Simrishamn. Dazu müssen wir die Hanöbucht nun doch überqueren. Es wird sicher wieder hart, denn hier haben wir in 4 von 5 Überfahrten bereits starken Seegang erlebt. Nach ca. 10 Seemeilen erreicht der Wind bereits 30 Knoten und die Wellen werden gewaltig und bedrohlich zugleich. Ich beginne damit, die Fock teilweise einzurollen, um unsere Segelfläche weiter zu verkleinern. Wir haben unser Hubdach rechtzeitig geschlossen, so dass kein Wasser in das Bootsinnere gelangen kann. Der Wind legt weiter zu. Auf dem Windmesser stehen jetzt Windgeschwindigkeiten von denen ich nie geahnt habe, dass wir so etwas einmal auf dem Meer erleben müssen. Es bläst mit 38-44 Knoten aus Westen. Die Wellenkämme werden vom Wind regelrecht verweht. An ein Kurshalten ist jetzt nicht mehr zu denken. Es geht nur noch um das Durchhalten. Das Groß habe ich komplett geöffnet, die Fock vollständig eingerollt und trotzdem rasen wir mit über 10 Knoten die Wellen hinauf. Der Bug hebt auf dem Wellenkamm ab, um dann im Wellental hart aufzuschlagen.

Es kracht so stark, dass man denkt, jeden Augenblick zerschmettert unser Boot. Die nächste Welle überspült uns und bremst die l'espoir tri auf 1-2 Knoten ab. Dieses Szenario wiederholt sich mehrfach. Katja bekommt regelrechte Angstanfälle. Ich kann sie auch nicht wirklich beruhigen – ich hoffe ja selbst, dass sich der Wind wieder etwas legt, doch die Windgeschwindigkeit hält sich noch über 2 Stunden zwischen 38 und 44 Knoten. Gegen einige Wellen krachen wir so hart, dass man glaubt, wir haben ein Schiff gerammt. Wenn man sich in solchen Momenten nicht gut festhält, fällt man unweigerlich nach vorn. Ich bereue es so sehr, dass ich heute morgen die Wetter-SMS gelesen und wir daraufhin den schützenden Hafen verlassen haben und ich verfluche den Wetterbericht. Wir haben keine Wahl, denn schließlich kann man aus einem Boot auf dem Meer nicht einfach aussteigen - hier müssen wir jetzt durch.

Vor dem Sturm ablaufen, würde uns nach Lettland oder Königsberg bringen, doch dadurch entfernen wir uns wieder von unserem Ziel. Wir sind völlig durchnässt, uns ist kalt, das Thermometer zeigt nur 15°C Lufttemperatur und 12°C Wassertemperatur. Endlich geht der Wind auf 30 Knoten herunter. Wir atmen auf. Ich versuche wieder etwas an unseren Kurs heran zu kommen. Dies gelingt mir aber nicht. 25 Seemeilen vor unserem Ziel, an dem wir jetzt sicher aufgrund der Windrichtung mindestens 15 Seemeilen vorbei segeln werden, wird es heller am Himmel und der Wind lässt deutlich nach - er erreicht nur noch 20 Knoten. Das fühlt sich wie Flaute an. Ich gehe wieder auf Kurs und schaffe es auch diesen mit ausreichend Fahrt zu halten. Wir sind so froh, denn wir haben den hellen Streifen am Horizont erreicht. Jetzt haben wir den Sturm überstanden.

Unsere Freude ist jedoch nicht von Dauer. Fünf Seemeilen weiter stehen schon wieder 35 Knoten auf dem Windmesser und an ein Kurshalten ist nicht mehr zu denken. Ich bekomme langsam richtig Angst, denn wenn jetzt noch die defekten Akkus abschalten, haben wir wirklich ein ernsthaftes Problem. Bei diesem Sturm können wir ohne Motor und ohne elektronische Navigationshilfe nur schwer einen Hafen anlaufen. Für dieses Seegebiet haben wir zwar wieder Papierseekarten, jedoch kann man diese bei dem Seegang nur schwer benutzen. Das schwedische Festland ist bei diesen Verhältnissen unerreichbar. Die dänische Insel Bornholm ist nur noch 15 Seemeilen entfernt und damit unsere einzige realistische Chance, um heute noch einen Hafen zu erreichen. Wir nehmen Kurs auf Bornholm und werden dort in Hammerhavn im Norden der Insel in maximal 2 Stunden ankommen.

Meine Angst, dass ich mich mit der verbleibenden Energiemenge unserer Akkus verkalkuliert habe, nimmt weiter zu. Wenn jetzt kurz vor dem Hafen der Strom ausfällt, dann wird uns der Wind auf alle Fälle durch die Hafeneinfahrt schieben. Aber wie sollen wir dann im dunkeln gegen den Wind anlegen? Werden wir ein anderes Boot rammen? Werden wir vor Bornholm stranden? Verliere ich heute Nacht mein Boot? Wir können nach der Einfahrt einen Aufschiesser (das Aufstoppen des Bootes durch Drehen in den Wind) segeln um das Boot zu stoppen und schnell den Anker werfen. Aber das Hafenbecken ist laut Seekarte ziemlich klein für solche Manöver. Die Akkus müssen einfach durchhalten.

Ich bin regelrecht verzweifelt und bekomme mit jedem Meter den wir uns der Insel nähern mehr Angst vor dem Land. Wären wir doch heute nur nicht losgesegelt! Den Motor zum Nachladen der Akkus herunterklappen möchte ich bei den hohen Wellen auch nicht. Ich traue der Motorhalterung nicht zu, dass sie diesen Belastungen standhält. Wenn doch nur das Aggregat funktionieren würde!

Inzwischen ist es dunkel und unser Zielhafen ist noch nicht zu erkennen, obwohl er laut Seekarte nur noch eine Seemeile entfernt ist. Er kommt erst zum Vorschein, als wir uns bis auf eine halbe Seemeile genähert haben. Eine dunkle rote Lampe leuchtet an der Backbordseite der Einfahrt. Der Hafen scheint unbeleuchtet zu sein. Auf der gesamten Insel ist kein Licht zu erkennen. Ich bin kurz vor der Verzweiflung. Dazu kommt die Kälte, die mich seit Stunden eingenommen hat. Ich darf mir meine Hoffnungslosigkeit aber auch nicht anmerken lassen, denn schließlich bin ich der

Skipper - eine Person ohne Schwächen, ohne Fehler, die stark bleibt und immer eine Lösung parat hat. Vor allem muss ich Katja in den schlimmen Momenten trösten und ihr Halt geben.

Als wir uns weiter der Insel nähern, bemerken wir, dass der Hafen doch nicht so unbeleuchtet ist. Der Wind hat sich seit einer guten Stunde auf 20 Knoten gelegt und auch das Meer beruhigt sich immer mehr. Ich klappe den Motor herunter und wir holen die Segel ein. Mit blankem Mast ohne Segel werden wir vom Wind durch die Hafeneinfahrt geschoben. Katja steht auf dem Vordeck und gibt mir Anweisungen wie ich zu steuern habe, denn die Steuerbordseite der Hafeneinfahrt und des Hafenbeckens ist völlig unbeleuchtet. Wir schießen ohne jegliche Segel und bremsenden Motor mit über 5 Knoten Fahrt in den Hafen. Hier lege ich die Pinne hart steuerbord um nicht voraus auf dem Land zu stranden. Es ist ein unbeschreibliches Gefühl, hier im Hafenbecken ohne Beschädigungen angekommen zu sein! Durch die Hafenmauer sind wir endlich vor Wind und Wellen geschützt. Ich fahre langsam in Richtung Anleger und stelle fest, dass keine freien Liegeplätze mehr im Hafen vorhanden sind. Viele Boote liegen sogar schon im Päckchen. Ganz hinten in der Ecke sehen wir eine Charteryacht, welche allein liegt und auf der Menschen zu sehen sind. Ich rufe Katja zu, dass sie fragen soll, ob wir an der Yacht längsseits gehen dürfen. Katja versucht es auf Englisch. In den letzten Wochen haben wir uns das Reden in deutscher Sprache, wenn wir mit anderen Menschen in Kontakt getreten sind, abgewöhnt. Eine Stimme mit sächsischem Dialekt antwortet: „Wir können es auch gern auf Deutsch versuchen". Sie erlauben uns an ihrem Boot längsseits zu gehen. Wir haben es geschafft! Wir sind wohlbehalten im Hafen angekommen. Jetzt die entscheidende Frage: Gibt es hier wirklich eine Landstromanschluss für uns? Laut Seekarte ja - aber auch in der Realität?

Es gibt tatsächlich Steckdosen an der Kaimauer. Wir sind gerettet! Ich hatte uns und vor allem unser Boot schon fast aufgegeben. Ich fühle mich wie neu geboren - es ist einfach unbeschreiblich. Selbst die Kälte spüre ich nicht mehr.

90

Da wir den ganzen Tag nichts gegessen haben, kocht Katja jetzt erst einmal Nudeln - Nudeln mit Bolognese sind um 0:00 Uhr ein absoluter Hochgenuss! Dazu machen wir die Heizung an und sind einfach nur glücklich. So glücklich wie lange nicht.

Tag 24 - Hammerhavn

Heute können wir ausschlafen, doch die Hitze im Boot lässt uns nicht allzu lange schlafen. Die Heizung lief die ganze Nacht und draußen scheint die Sonne. Wir stehen auf und begrüßen den Tag, begrüßen den Hafen, begrüßen uns und begrüßen das Leben! Heute wird uns erst einmal richtig bewusst, was wir gestern durchgestanden haben und was unser Boot geleistet hat. Das Vorsegel der Yacht neben uns hat den gestrigen Sturm nicht überstanden und ist total zerfetzt.

Voller Tatendrang machen wir uns an die heutigen Aufgaben. An Bord gibt es nach solchen Schwerwetteretappen viel zu tun. Beide Schwimmer werden ausgeräumt und ausgeschöpft. Dadurch, dass sich diese in den letzten Tagen häufig unter der Wasseroberfläche befanden, hat sich viel Wasser im Inneren der Schwimmer angesammelt. Einige Packungen Milch und sogar Mineralwasserflaschen aus Kunststoff sind kaputt gegangen und deren Inhalt befindet sich jetzt ebenfalls in den Schwimmern. Wir müssen also nicht nur ausschöpfen, sondern auch spülen und erneut entleeren. Katja spannt eine Wäscheleine von der Steuerbordwant über das Vorstag bis zur Backbordwant und hängt die gesamten nassen Sachen daran auf.

Der Junge aus unserem Nachbarboot probiert heute zum ersten Mal sein kleines Schlauchboot aus. Solche Boote lassen sich aber schlecht rudern. Ich leihe ihm meinen elektrischen Beibootmotor und mache ihn damit für ein paar Stunden sehr glücklich. Das hat zur Folge, dass er sich jetzt auch so einen elektrischen Aussenborder wünscht. Um seine Eltern davon zu überzeugen wie sinnvoll dieser ist, dreht er mit ihnen eine Runde durch das Hafenbecken.

Nachdem wir alle Arbeiten an Bord erledigt haben, wird es Zeit für einen ausgiebigen Landgang. Keiner von uns beiden hat geahnt, dass es hier so schön ist. Zu dem Hafen habe ich schon eine besondere Beziehung aufgebaut. Ich finde, es ist der schönste Hafen in dem ich je war. Es ist schließlich der Hafen, der uns vor

92

dem Sturm gerettet hat und unseren Akkus neue Energie „schenkte".

Auch an Land ist es sehr schön. Es gibt hier eine in Europa einzigartige Felsformation, die zum Wandern und Bergsteigen einlädt, wundervolle klare Gebirgsseen und eine Ruine, zu der ein Wanderweg führt. Von der Ruine, die auf einem Berg steht, hat man einen traumhaften Blick auf den schönen Hafen und das Meer, welches sich heute bei einem lauen Lüftchen einladend kräuselt. Wie wechselhaft es doch ist.

Wir genießen den schönen Abend an Bord bei sommerlichen Temperaturen. Es war ein herrlicher Tag in einem Hafen, den wir auf jeden Fall noch einmal besuchen möchten...

Tag 25 – Deutschland der erste Versuch

Wir begrüßen den Tag mit einem gemütlichen Frühstück. Danach gehen wir zum Hafengebäude, da man dort über w-lan eine Verbindung mit dem Internet herstellen kann. Wir verschaffen uns einen Überblick über das heutige Wetter: Wind 1-2 aus Nordwest später Südwest – keine idealen Segelbedingungen, aber gemütlich.

Wir verabschieden uns von der Familie auf unserem Nachbarboot und erfahren, dass diese geplant haben, nach Utklippan (eine Schärengruppe am Kalmarsund mit einem idyllischen schwedischen Schutzhafen) zu segeln. Wir sind bisher immer an Utklippan vorbei gesegelt und staunen über dieses Reiseziel.

Wir verlassen den Hafen, setzen die Segel und nehmen Kurs auf Sassnitz. Etwas traurig und wehmütig ist mir bei der Hafenausfahrt zumute. Ich habe mich noch nie so gut in einem Hafen gefühlt wie in diesem und wäre gern noch geblieben.

Es ist ein herrlicher Tag. Bei strahlendem Sonnenschein und 4 Knoten Wind segeln wir gemütlich Richtung Deutschland. Wir genießen es, nicht mehr so unter Zeitdruck zu stehen. Durch die großen Etappen der letzten Tage haben wir viel Zeit gewonnen.

Heute Mittag gibt es für mich ein „Überraschungsessen", denn wir haben gestern in den Schwimmern eine Konservendose ohne Etikett gefunden. Wir wissen also nicht, was sich darin befindet. Wir öffnen die Dose und sehen 2 Frikadellen mit einer letschoähnlichen Sauce. Dazu mache ich mir Erbspüree. Katja bevorzugt eine Dose mit Nudeleintopf.

Nach dem Essen machen wir es uns auf den Netzen gemütlich. Es ist auch an der Zeit, mich wieder einmal zu rasieren. In den letzten Tagen hatte ich dazu keine Gelegenheit. Die Duschen im Hafen waren auch nicht wirklich einladend. Ich bemerke eine Zecke an meinem linken Oberschenkel. Diese ist sicher gestern beim

Wandern auf meine Haut übergesiedelt. Mit der Zeckenzange aus unserer Bordapotheke ist sie schnell entfernt.

14:30 Uhr ist der Wind komplett weg. Wenn unsere Akkus oder der Stromerzeuger in Ordnung wären, dann würden wir mit Motorhilfe weiter fahren. Aber so müssen wir auf den Wind warten. Er kommt eine halbe Stunde später mit 3 Knoten aus Südwest. Wir segeln also gemächlich nach Süden – nach Polen? Oder schlafen wir heute Abend erneut in einem Hafen auf Bornholm?

18:00 Uhr befinden wir uns eine halbe Seemeile vor der Hafeneinfahrt von Rönne. Da fällt uns die Entscheidung nicht schwer. Wir fahren nach Rönne. Dort legen wir an, essen etwas und gehen in die Stadt. Morgen werden wir einen neuen Versuch wagen, um nach Deutschland zu segeln. Katja trägt in unser Logbuch eine Tagesdistanz von 10 Seemeilen ein.

Tag 26 – Terrestrische Navigation

Sieben Uhr werden wir vom Handy geweckt. Heute möchten wir den zweiten Versuch wagen zurück nach Deutschland zu segeln. Die Sonne scheint und der Wind weht mit 7 Knoten aus Nordwest - ideales Wetter für unser Vorhaben. Ich schalte die Instrumente ein und möchte mich gerade um die Achterleine kümmern, als ich einen ununterbrochenen Signalton vom Kartenplotter höre. Auf dem Display des Plotters lese ich „System Test". Ich klicke mich durch das Menü und soll bzw. möchte es mit „Clear" verlassen. Es funktioniert aber nicht - die Anzeige bleibt. Auch das Ein- und Ausschalten des Gerätes ist nicht erfolgreich. Der Kartenplotter lässt sich einfach nicht mehr starten. Fazit: unser GPS, die elektronische Seekartendarstellung, unser Echolot und unser AIS sind ausgefallen. Das ist der große Nachteil wenn alle wichtigen nautischen und navigatorischen Funktionen über ein Gerät dargestellt werden. Jetzt haben wir 2 Möglichkeiten: lossegeln und den schönen Tag nutzen oder versuchen das Gerät zu reparieren. Die Entscheidung ist einfach: Wir holen die Papierseekarte aus dem Boot und ich ermittle unseren Kompasskurs und die Entfernung zur Ansteuerungstonne Landtief A im Greifswalder Bodden. Wir legen ab und steuern den von mir ermittelten Kurs mit unserem Kompass - eigentlich das wichtigste Instrument an Bord. Leider wird dem Kompass heutzutage viel zu wenig Aufmerksamkeit geschenkt. Problematisch ist der Ausfall des Kartenplotters in diesem Seegebiet nicht. Schlimmer wäre dies in den Schären. Aber ärgerlich ist es auf jeden Fall. Nach einer Stunde peile ich zwei Landmarken und trage die gepeilte Position in die Seekarte ein. Mein Mobiltelefon hat natürlich auch einen GPS-Empfänger. Damit ermittle ich, nachdem wir uns so weit vom Land entfernt haben, dass eine Sichtnavigation nicht mehr möglich ist, jede Stunde erneut die Position und trage diese in die Seekarte ein. Dadurch bin ich in der Lage gegebenenfalls Kurskorrekturen vorzunehmen.

Da unsere Proviantvorräte fast nur noch aus Konserven bestehen, gibt es heute zu Mittag wieder Essen aus der Dose: Schweinshaxe mit Sauerkraut und Kartoffelpüree. Eigentlich müsste es heißen: Sauerkraut mit kleinen Fleischbeilagen und viel Kümmel.

Der Westwind nimmt etwas zu und erreicht gegen 12:00 Uhr die 14 Knoten Marke. Es sind also ideale Segelbedingungen. 14:00 Uhr sehen wir bereits die Kreideküste der Inseln Rügen. Wir haben unseren weitesten Törn, auf dem wir uns mit den größten technischen Problemen auseinander setzen mussten, fast abgeschlossen und sind glücklich. Ich schalte Musik ein und wir tanzen auf den Netzen während unser Boot bei strahlendem Sonnenschein Richtung Deutschland rast. So schön kann segeln sein...

17:00 Uhr befinden wir uns laut meiner Positionseinträge in der Seekarte 3,5 Seemeilen südöstlich der Tonne Landtief A. Ich kann diese aber nicht ausmachen. Ich führe eine Kreuzpeilung mit dem Leuchtturm auf der Greifswalder Oie und einem Sendemasten auf Rügen durch. Diese Peilung bestätigt meinen Positionseintrag. Gibt es die Tonne Landtief A nicht mehr? Unsere Seekarte ist von 2004 - also viel zu alt. Wir müssen auf jeden Fall versuchen direkt ins Fahrwasser zu gelangen um sicher den Greifswalder Bodden zu überqueren.

17:30 Uhr sehen wir endlich die Ansteuerungstonne. Der Wind lässt immer mehr nach. Wir überlegen, ob wir es bei diesen Windverhältnissen noch bis in die Peene schaffen oder ob wir besser vor Rügen ankern. Im Westen stehen dunkle Wolken am Himmel, die schlechtes Wetter ankündigen. In der Peene sind wir sicherer als hier draußen – doch wenn uns der Wind verlässt bevor wir dort ankommen? Durch die defekten Akkus verfügen wir auch nicht mehr über genügend Energie, um mit Motorkraft bis in die Peene zu gelangen. Da wir uns nicht entscheiden können, bereitet Katja zwei Zettel vor. Ich mische diese und Katja zieht ein Los: die Peene! Der Zufall hat entschieden - wir setzen unsere Fahrt fort. Doch es kommt wie ich befürchtet habe: der Wind schläft ein. Also bleibt uns nichts anderes übrig als den Motor zu nutzen. Wir beschließen nach Kröslin zu fahren, um dort unsere Akkus nachzuladen. Die dunklen Wolken nähern sich immer mehr.

Plötzlich kommt auch wieder etwas Wind auf, der kontinuierlich zunimmt. Wir klappen den Motor wieder hoch und setzen die Segel. Der Wind steigt weiter bis auf 20 Knoten aus achterlicher Richtung an. Auf dem geschützten, fast wellenlosen Bodden rasen wir jetzt in voller Gleitfahrt unserem Ziel entgegen. Ich lenke und Katja navigiert. Fahrwassertreue ist hier besonders wichtig, denn zu beiden Seiten des Fahrwassers ist es sehr flach. Als mir der Ruderdruck zu stark wird, entscheide ich mich dafür, das Großsegel einzuholen. Die verbleibenden 1,5 Seemeilen können wir auch nur mit dem Vorsegel zurücklegen. Am Eingang zur Peene rollen wir jedoch auch dieses ein und segeln mit dem blanken Mast weiter. Dadurch sind wir langsamer und haben genügend Zeit einen geeigneten Ankerplatz zu suchen. Das Peenemünder Rack scheint uns ideal zum Ankern. Katja geht zum Bug, um mit Hilfe des Bootshakens die Wassertiefe zu ermitteln. Als wir ausreichend Abstand zum Fahrwasser haben, werfe ich den Anker und prüfe ob er sicher greift. Im Sandboden der Peene ist Ankern kein Problem. Somit haben wir 21:30 Uhr die letzte große Etappe von Bornholm bis in die Peene erfolgreich absolviert und gehen schlafen.

Tag 27 – Der letzte Tag an Bord

Es ist kalt, windig und dazu regnerisch. Wir frühstücken relativ spät, denn unseren letzten Tag an Bord möchten wir natürlich noch einmal in vollen Zügen genießen. Wir müssen auch nur noch rund 3 Seemeilen bis Karlshagen zurücklegen. Das steht gleich nach dem Frühstück auf dem Plan. Vor unserem Ausgangs- und zugleich Zielhafen ankern wir, um den Mast zu legen und unser Boot klar für die Abreise zu machen. Bei den vorherrschenden 20-25 Knoten Wind und häufigen Regenschauern sind diese Aufgaben für uns, als eingespieltes Team, nicht so leicht zu bewältigen. Am Abend wird auch schon der Backbordschwimmer eingeklappt. Der Wind legt sich und ich sitze gemütlich an Deck, als ein Segelboot auf uns zu kommt und der Skipper dieses Bootes fragt, ob wir Hilfe benötigen. Ich verstehe diese Frage gar nicht. Er findet, dass unser Boot eigenartig aussieht – so, als wäre es gekentert. Ist ein halb geklappter Trimaran mit liegendem Mast wirklich so selten?

Tag 28 – Abreise

Nach einem kurzen Frühstück klappe ich den Steuerbordschwimmer ein, lichte den Anker und wir nehmen Kurs auf den Hafen von Karlshagen. Eine Schar Möwen hat sich auf dem Wasser versammelt, um sich von uns zu verabschieden...

Nautischer Reiseabschluss

Tage an Bord: 28

Segeltage: 24

besuchte Länder: Schweden, Estland, Finnland, Dänemark

angelaufene Häfen: 12

Ankerplätze: 15

Gesamtdistanz: 1346 Seemeilen (2493 km)

Segelstunden: 249

Betriebszeit Motor: 23

Ausblick

Selbst einige Wochen nach unserem Törn werden wir noch durch aufgeblähte Fischbüchsen im Vorratsschrank an unsere wunderbare Reise erinnert.

Wie in jedem Jahr gab es auch nach diesem Törn einiges an unserem Boot zu verbessern. Die Motorhalterung wurde überarbeitet und der zu lange Zahnriemen des Motors wurde durch einen kürzeren ersetzt. Ein Hilfsmotorspiegel ermöglicht uns jetzt die Anbringung des Beibootmotors an unseren Trimaran. Die Akkus habe ich zurück an den Hersteller gesandt. Auf den weiteren vier Fahrten im Sommer 2010 testete ich einen Lithium-Akku-Prototypen, der später einmal die Motoren der Kähne im Spreewald mit Energie versorgen soll. Mit diesem war ich sehr zufrieden. Der Akku vom Beibootmotor wurde so ausgelegt, dass er bei Bedarf an unser Bordnetz angeschlossen werden kann und genügend Energie zur Navigation und für ein Hafenmanöver bereitstellt. Das Ersatzteil für unseren defekten Stromerzeuger war teurer als ein neues Gerät. In Zukunft verwende ich ein Markengerät. Als ich das Schwert kontrollierte, war der Schaden unserer Grundberührung fast nicht auszumachen. Ich entdeckte nur ein einige kleine Kratzer, die ich schnell wieder ausbessern konnte. Was nützt ein GPS-Kartenplotter, der bei einem Stromausfall sofort funktionslos ist, für den man keine Ersatzteile bekommt und der bei dem Standard bleibt, mit dem er gekauft wurde? Auch hier habe ich nachgebessert. Ich verwende jetzt ein batteriegepuffertes Bord-PC-System, welches sich mit einem Touchscreen-Monitor von außen bedienen lässt. Selbst der schlecht trocknende Bootsteppich wurde entsorgt und durch ein Teakdeck im Innenraum ersetzt.

Unser Beiboot hat den Ostseetörn 2010 nicht überstanden. Um eine weitere Fehlerquelle an Bord zu beheben, überlegten wir schon während des Urlaubes, ein Festrumpfboot zu kaufen. Als Trimaransegler benötigt man kein zusammenlegbares Boot. Auf den Netzen ist genügend Platz für ein Beiboot und während des Straßentransports kann man so ein kleines Boot unproblematisch auf dem Autodach transportieren. Wir entschieden uns für ein unverwüstliches, kleines, nur 19 kg schweres Kunststoffboot mit Motorhalterung.

Wer mehr über meine Verbesserungen erfahren oder Törnberichte von unseren Reisen lesen möchte, dem empfehle ich meine Homepage: www.lespoir-tri.wg.am

Mal sehen wo uns der Wind in Zukunft hin weht. An den Wochenenden kann man unseren Trimaran oft über den Schwielochsee gleiten sehen...

Danksagungen

Diese Reise wäre ohne *Katja*s Optimismus nicht möglich gewesen. Ich bin glücklich, dass wir so viele schöne Stunden gemeinsam auf dem Wasser erlebt haben. Dafür danke ich dir.

Meinem *Vater* danke ich für die Hilfe bei der Endmontage unseres elektrischen Außenborders am Tag vor der Abfahrt.

Axel B. – Vielen Dank für das Korrekturlesen meines ersten Buches!